Vision

一些人物，
一些視野，
一些觀點，
與一個全新的遠景！

為什麼不愛我

療癒無愛童年的傷痛

蘇絢慧
【知名諮商心理師．悲傷療癒專家】

你覺得自己即使有父母有家，卻仍像是孤兒，無愛的生命嗎？

愛的貧乏，讓我們都受苦了。

【自序】

家——父母給的世界

我的父母並沒有陪著我長大，出生沒有多久，他們就消失在我生命中。我的世界並不是他們所給的，而是透過我的感知，我的接觸，不論是否曾經扭曲過、偏執過、天真過，都來自於我的親身體驗，及領會。

小時候，我常羨慕別的小朋友不用自己去碰撞這個世界，可以有父母保護，有父母給予。小時候，在有限的視野角度下，常看見其他小朋友，因著父母的給予而幸福、快樂的模樣。那時候的我，羨慕著那些有著父母給予溫暖與幸福的孩子們。

但隨著長大，我的視野開始可以擴展，可以開始看見不同面向，聽懂不同層次的話語。我越認識這真實的世界，我便越不再羨慕別人的世界。也開始明白，有些人的父母給予的，是殘忍的世界、充滿恐懼的世界，或是，逼迫控制的世界。

而且，不是少數。

殘忍的世界，來自於父母的不成熟。他們不成熟，有著如黑洞般未滿足的私慾，支配及指使孩子們來承擔。他們讓孩子背負自己欠下的債務，讓孩子過著受虐待、受暴力的生活。只要父母喜歡的，孩子都必須承受、承接，不能說：「不」。許多傷痕累累的孩子，他們的世界佈滿著傷害、傷痛，他們的生活世界盡是冷漠與剝削，還有剝奪及被佔有。

他們不能說不，不能遠走，他們動彈不得，即使再殘忍的事發生，他們也讓自己麻木，失去感覺、失去自己，不斷承受、忍受。一旦，有任何一點兒無法再承受的反彈出來，就被父母親指控：「不孝」、「沒有用」、「你怎麼可以這麼自私」……久而久之，這樣長大的孩子，無法善待別人，也不懂善待自己。過去，他們受傷時，沒有人知道他們的感覺；當他們讓人受傷時，他們也無法知道別人的感覺。他們切割了自己的情感，也切割了對他人的情感。

或是，他們繼續認同著，自己本就是該受盡苛待的位置，無論長多大，成為怎麼樣的成人，仍持續忍受著殘忍世界的控制、支配與虐待。無盡的複製傷害與傷痛的發生，也無盡的複製被慘忍對待的遭遇。

另一種恐懼的世界，來自於父母對於這世界的害怕，害怕在這競爭世界的無法生存，他們怕輸、怕被瞧不起、怕難看、怕沒有價值、怕低人一等、怕不夠好，於是，從小就急於給孩子一個充滿「競爭」的世界、「要面子」的世界、「要贏要強」的世界。他們讓孩子感受到競爭的重要，練習著在現代生活的殘酷叢林裡，如何贏過別人、如何不要被比下去、如何站上頂端，來獲取更多生存資源。

他們要求著成績、名次，與各種條件與評價。

他們給孩子一個無法放鬆的生活，只要旁邊有孩子，就要拿自己孩子出來相較一下。

孩子在恐懼的世界，無盡的感受到這世界的嚴苛、這世界的競爭、這世界的無情。如果他們站上高點，也許會因此感到些許成就感及價值感，但不出一刻鐘，他們隨即被內在引發的「恐懼」及「恐慌」淹沒掉，害怕下一次可能會輸、會失敗、會陷落。

他們無法感知到自己的真實價值，不知道自己的生命為何而存在，如果沒有了分數與成績，沒有被肯定及稱許，他們根本不知道如何認定自己的價值。

他們確實活在恐懼中，活在父母親給的競賽世界中，不僅手足間競爭，和別人家的孩子也可以競爭，甚至和整個世界競爭。他們的父母親，無法相信自己的孩子有能力生存，不相信這世界是安全與有關愛的。因此，他們給孩子一個無情與漠視感受的世界，要孩子努力的生存下去。只能成功，不准失敗，只有成為「強者」、「優越者」才值得存在。

這樣的孩子像是陀螺似的，不停被轉。轉慢了，用更大的力道再逼著轉。只要稍微停頓，就被恐懼、罪惡感、自責淹沒，以嚴苛的口吻評判自己。所以，他們不敢

停，害怕停。害怕一停頓下來，自己就成了人渣與廢物，自己就是敗類與窩囊廢。有些孩子，著實被這樣恐懼的世界嚇到，不再出門，放棄整個競賽，消極的抵抗著父母所給的無情世界。他們認為，拒絕這世界的競爭遊戲，最好的方法，就是放棄進入這個世界。

而活在逼迫及控制世界的孩子，忍受著父母強烈的情緒暴力，以狂怒或哀怨，挾持著孩子的心靈，要孩子為父母的情緒感受負責，努力的做好一切，不要讓父母有機會因為不滿或失落感而挫折、而難堪。如果令父母難堪及不滿意，孩子就必須承受巨大的罪咎，彷彿犯了滔天大罪，無法被諒解，也無法被容許。

這些孩子，戒慎恐懼，而最大的心慌是，自己如果不求好、不求完美，則不該存在。如果讓父母生氣、難過、哀怨，則是個差勁，不孝順的孩子，必須背負一個逆子逆女之名。甚至受全家族的唾罵，怎麼會生出這樣的孩子。

你還記得當你是孩子時，究竟你的父母、你的環境，給了你一個什麼樣的世界？是殘忍的世界？競爭的世界？逼迫及控制的世界？

如果這是你感知到的世界，我很為你難過，你的父母給了你這樣的一個世界。但孩子，這不是世界的全貌，這也不是唯一的世界。

你可曾在藍天白雲中，感受到這個世界？

你可曾在路邊搖曳的樹葉中，感受到這個世界？

你可曾在山峰上遙望著大地，感受到這個世界？

你可曾在靜謐的月光與星光中，感受到這個世界？

你可曾在春天新萌芽的綠草香中，感受到這個世界？

你可曾踏出過你的世界之外，感受到這個世界？

世界，超過了你眼前所看見的世界。超過了你的「家」所為你塑造的世界。

這世界的創造物希望讓你明白，愛的存在。

這世界的創造物希望讓你學習，信心的生長。

這世界的創造物希望讓你體會，勇氣的力量。

這世界的運行，期待著你透過自身的生命，實現你要的世界。而不是複製著某一些痛苦、無情，與殘忍的世界。

也許因為對未知太恐懼，也許因為太熟悉，你留在那令你窒息的世界，即使缺氧，也寧可沒有知覺，如一具死屍的活著。恐懼，遮蔽了你的眼與你的心，要你選擇一條你不滿意，卻最安全的路。但那不是安全，而只是習慣，習慣相同的情境，相同的發生經過，相同的對白與情節，至少，你知道接下來會發生什麼事。

但那不是這世界的全貌，孩子。這世界既然誕生了你，便會因為你的存在而不同。你有你的位置，專屬於你，是你可以去實現、去創造的。

那不是一個只有恐懼的世界，只充滿著「競爭、比較與競賽」；那也不是一個殘忍的世界，只充滿著「控制、虐待與壓迫」。那是一個真實有愛流動，有生命力與創造力的世界。你勇於站在世界的中心，被看見被聽見，被承認存在，而不是只能躲藏及模糊自己。

孩子，請打開你的心，邀請世界進到你的生命。當你和世界真的連結了，你才能和

自己連結；當你和自己連結了，你才能和這世界連結。

我知道，一本書的出版，並不能終止你所承受過的不當傷害。無意識做出很多不可挽回傷害的家庭，仍大有人在。

但這一本書，我希望能讓你在靈魂幽暗的世界中，成為你的世界的一個小光點，帶給你一個希望，引領你走進你生命的心靈宇宙，探尋你心靈宇宙更適合你存在的星球。讓掙扎苦痛的你知道，有些苦不是你該受的，有些傷是可以被撫觸、療癒的。如果世界冰寒冷冽，希望這小光點的微亮溫度還是可以溫熱你的心，讓你流下療傷的淚，還給你真實的生命氣息。

也正因為，你的世界非常殘酷，甚至無情無愛，在面對生命所遭逢的困境時，我們需要更多的理解及耐心。如果，我們置放傷痛於不理不顧，否認及壓抑，只會讓傷痛的影響及作用，無意識的散佈在我們的日常生活及關係中。並且，在糟糕的情緒感受中相互引發更多的人我傷害，而無法真實的走一趟修復及療傷的歷程。

我願以這本書，表達對你受傷生命的心疼、理解及同哀傷。願曾經的遍體鱗傷，都慢慢的被我們自己擁抱、撫慰、懂了、善待及療癒。就如一位童年受傷的生命向我分享的：「在穿越這些傷痛的黑暗痛苦之後，我回到生命的最初，生命本質的我，是相信愛，也是愛。我願意迎接我自己回到，未經歷過傷痛之前的時刻，認回相信愛的我，再次成為愛的本體。」

【特別註明】

書中所敘述的故事都經過大幅度的改寫，並非指稱任何一個特定的人。但傷害發生的情節則予以保留其真實性，以呈現這些傷害事件的存在。願我們在閱讀這些情節時，能連結及理解這些傷害發生在任何人身上皆是殘忍，但請不要用同情的口吻及眼光來看待這些傷痛的發生，這是一種置身事外的慶幸姿態，也是一種隔離及劃分。若我們能體會及感受這樣的傷痛，請給予這些傷痛一個存在的位置，讓傷痛說話，讓經歷傷痛的生命不再被消音，而是可以把他們的個體性真實經驗好好的讓這世界看見、聽見與理解。這才是我們尊重及涵納受傷生命的存在，及支持他好好走過所需要的療傷歷程。

目錄

第二章
療傷與修復

早年生命蒙冤與受排斥的貞子，被至親推向井底，企圖消滅她。貞子，拚了命的從井裡要爬出來，她要找尋那應該要愛她的人。但所有人只有恐懼與排斥，驚嚇與奔跑。受屈辱與難堪的貞子於是殺紅了眼，一個人一個人的殺滅。直到，她找到了她的媽媽。媽媽見到貞子，以為貞子是來報復的，以為她是來討債的，而恐懼不已。但當貞子找到了媽媽之後，她說出的那一句話是：

「媽媽，為什麼不愛我？」

——摘自《七夜怪譚》

第一章

無愛生命的悲歌

——孩子，你的傷痛需要被懂

「一個人終其一生的努力就是在整合他自童年時代起就已形成的性格。」——榮格我們華人家庭的父母親，很容易把強烈的情緒，諸如不滿、怨懟、憤恨、敵意，就直接丟給孩子，要孩子來做承接、消化，甚至要孩子反過來安撫父母，討父母情緒的平復，成為照顧父母的人。

一個家，不必然因為成家，而必定有愛。

許多家，其實只能說是一個「屋簷」。在這個屋簷下，有人共同居住在這裡頭，也許有事務的分工，也許有經濟的共有及分擔，也許有空間及資源的分配與使用，但都不必然因此，在這屋簷下共同居住的人們，彼此之間有愛的關係及愛的連結。

許多的家，之所以成家，是任務性（傳宗接代）目的。或是，解決許多成人逃避的問題（怕單身、怕孤單、怕被貼標籤、需要依賴等等存在性的議題）而所做的解決策略。甚至，可能是衝動性成家（因為有了孩子，或是愛在最濃烈時）。

家，之所以形成，有太多複雜的因素；不論是外在環境的激發、事件的推力，或是自己內在心理的需求、渴望、動力，及認知行為模式，都會參入其中，使得兩個人走在一起，組成了家庭，並且開始孕育下一代。讓自己的生命血統及基因，得以傳承，得以延續及繁衍。

但，這都不必然讓這家，具有愛，經驗愛。而被孕育出的下一代，也不必然就會在愛的呵護中被妥善養育，成為一個有愛能力的生命。事實上，從許多社會事件，及許多現代人的人際互動中，我們已越來越可以感受到，人與人之間的情感疏離、斷裂、封閉。

許多家庭，家人之間更猶如最親近的陌生人，甚至是不如不見的不相干之人。而即使互動密切的家庭，也可能在當中，是以愛之名，行使諸多控制、剝奪、傷害及侵犯的情事。愛，仍然離他們的生命體驗，遙遠而不可及。

難道，家和家人，之於現代，只是空泛的名詞？

「家」，一個你不能沒有，卻又害怕靠近它的地方

許多人，在這所謂「家」的住處，獲取飽暖，以求生存。但卻在這空間中，無法經驗到穩定且信任的關係，也對愛的體驗一無所知，模模糊糊。而外在世界，又常讓我們感覺冷漠、疏離、競爭、殘酷和現實，好需要「家」作為我們的避風港

及休憩地。這些種種的體認及感受，讓我們與「家」的關係，形成矛盾及不確定的關係；不能沒有它，卻又害怕靠近它。

當一代傳給下一代的愛，越來越稀少與微薄時，雖然我們仍具備生物性的生殖功能，能夠讓我們繁殖出下一代，但這樣誕生下的生命體，如何感受愛的撫慰、愛的體認、愛的連結？如何能夠將人類的深層且具有意義的情感經驗——愛，透過身教，透過接觸，讓下一代充分感受與經驗，並且傳遞？

當被生下的生命，充滿對生命存在的痛苦，疑惑著自己的生命為何要存在於這世界？也憤恨，究竟是誰有權利讓他必須誕生在這世界？正是因為他的生活世界，對於愛的體驗一無所感。他也無從理解愛的經驗；這人生最具價值的經驗，究竟是什麼？

藉著《為什麼不愛我》這本書，我們可以一起反思，思索「家」的意義，思考究竟「繁殖」是為什麼？也試著思考，我們之所以成為有關係的家人，特別是親子，究竟什麼是我們值得共同去經歷的記憶？

當我們的生命終究會離去，會經歷生離死別，我們在人生的這一場聚合，究竟是為了要明白什麼？或體悟什麼？

我們的家，我們的繁殖，是為了傳遞冷漠、拒絕、疏離、仇恨、競爭、傷害、怨懟？還是要傳遞愛、接納、寬容、撫慰、理解、鼓勵與成長？

家，一個傳遞、經驗及分享愛的地方

若我們內心聲音的回答很清楚的是：「傳遞愛、經驗愛、分享愛」，或許我們可以好好覺知自己，是否在彼此的靈魂深處，正刻下愛的記憶與經驗？在家的生活經驗中，是否一致的讓我們的孩子，學習了愛的能力（能愛自己，也愛他人）？

而當我們在無愛的環境中長大了，對愛的體認混淆、矛盾，甚至空乏之時，我們如何修復自己，朝向成為愛的本體的方向前進？

對我而言，我相信的是，一個有愛的人，他的內心可以創造溫暖與友善，而這樣

的能力會為這個世界帶來希望和力量。而一個內心無愛的人，他的生命會堆積無盡的殘酷與冷漠，也為這世界帶來傷害和憎恨。當我們的世界越來越科技及文明，同時付上人際疏離，和無法真實連結的代價，在這個年代，我們究竟要怎麼再創造家的意義？如何建立多元卻有真實關愛關係的家庭？或是要讓家的意義與結構，瓦解及崩毀？

雖然心理學家榮格曾說，我們的內心都有一個孤兒的靈魂樣貌，這是我們內心感到受傷、無助、寂寞，覺得孤立於世界之外的心靈原型。但孤兒的靈魂，之於現代的家庭，已成為大多數人的共鳴，無論是已成年的大人，或尚是孩童。許多人都感受到對生命的無望、疏離、寂寞，及強烈的孤立感，猶如被無愛的黑洞漩渦，吞噬生命活著的能量，生命的存在，只剩下無盡的磨損及消耗，無盡的疲累。

我們當然不希望活在一個，只有絕望與殘酷的世界。人，仍是傾向可以透過自身的存在，證明自己的獨特價值與存在意義。只是，我們走對方向了嗎？找到路了嗎？還是過去的遭遇及經驗帶我們更走向自我毀滅？與毀滅這世界的方向？

願我們都能再給自己一次機會，帶自己挽救自己，帶自己走向療癒，完整的成為自己，成為愛。

面對真相——家，是傷痛的源頭

要在華人社會承認，我們曾經在和父母親的關係中痛苦、糾結、疑惑、憤怒、受傷、恐懼、無力……是一件很難的事。往往一句「做兒女的要孝順」，或另一句「天下無不是的父母」，就讓在親子關係中受苦的孩子，把自身的痛楚往更深的內心壓抑，失去任何撫慰及療傷的可能性。

當我們還非常年幼時，是沒有能力分辨、選擇及決定，要或不要這些塑造與影響。為了獲得父母的愛，小孩子的我們必須要學會討好、順應、忍受或放棄自我，才能確保依戀關係不會消失。也因為如此，大人總是握有更多的權力，來掌控孩子的生命，也自認為正確的以自己的認知及感受任意對待孩子。

不論因為父親，或母親的緣故，在我們成長過程中，承受各種形式的傷害之後，不僅衝擊著我們的自我穩定度及價值感，也常影響後來其他重要的人我關係的親密程度；那些具有依戀關係意義的其他對象（青春期時是好友，成年期後是伴侶）。

往往在人我的親密關係中，不自覺就帶有我們與自己母親或女性至親相處（最重要的依戀關係對象）的經驗及感受在其中，而深受其苦，使生命猶如陷在無盡頭的矛盾及糾結深淵。（例如，很多我們與伴侶的關係、重要他人的關係，會複製或重演和母親之間的情感糾葛，或矛盾互動狀態。）

也帶有與自己父親或男性至親相處的經驗及感受，面對外在世界（社會的）的要求及期待（父親可說是我們人生的第一個老闆角色，對我們要求、期待、規範、權威壓制、命令等等）。我們不自覺的投射內在的自尊狀態、自我價值、角色期待、能力感及規範命令，和外在世界互動、競爭及拚搏。

然而，那些過去早年時期，因為父母親的對待及照顧所受的傷，常常必須獨自承受痛苦，甚至必須無聲的背負以愛之名的掌控、威脅與虐待時，我們不敢吐露實情，也不知如何求助。更多時候，環境很容易漠視，或以大事化小的心態，來要

求孩子立即釋懷、原諒、體諒，甚至遺忘。身為孩子的我們，苦痛始終不被聆聽，也不被正視，甚至被認為是不正當的反應。

長期受父母親之苦的孩子們，因為長久的壓抑，否認，漠視，而只剩沉默，也對改變自己生命處境，感到無望及無力。然而，這不意謂受苦、受傷的孩子，不需要有一些被理解的支持及協助。或許，改變生命困境及內在傷痛，並不是一朝一夕的事，也常會歷經反覆的掙扎及煎熬，但讓我們受傷受苦的生命，經驗被這世界承認、看見、懂，是打開我們生命與這世界聯繫的重要一步。

所以，親愛的小孩，請讓這世界認識你，懂你的傷痛，並學習如何擁抱你，陪伴你走療傷的路。

並且，開始願意面對這個真相，承認自己有傷，也願意學會照顧好自己的責任。把自己視為自己的親愛的小孩，好好的陪伴自己，再長大一次；在有愛、有情感連結、有信任的關係中，讓破碎的自我修復，茁壯，成為一個實實在在，想要的自己。

為什麼我的家人，不愛我？

我們生命的早年，其實很多人，包括你我，都可能有一些來自於童年時期的傷害。我們的童年必定不完美，再如何所謂幸福健全的家庭，孩子都可能經歷到情感上的傷痛及失落。只是，我們願不願意去看見，去連結，去翻開，那些對我們的身心靈發展，有著足以形成損害或破壞的經驗和記憶。

「家，不是愛的來源嗎？我們出生，不是應該就該得到父母親的愛嗎？」曾經一位受父母忽略及漠視傷害的人問過我這樣的問題。

這是生命的渴望：我們被愛，擁有愛，可以感受到愛在我們生活中，永不離開。然而，在許多家庭裡，孩子是不被賦予一個完整的生命個體，來尊重及照護的。也往往，並沒有完整的獨立存在權。

很多孩子被父母視為所有物或證明——證明自己是一個成功父母，很會教養孩子的表徵。所以，如果孩子在求學過程，學業表現不如預期，甚至他是在求學的過程裡，有一些被老師指責的失誤或不夠理想的表現，父母是給予一個極度嚴厲的苛責和羞辱，而不是給予瞭解及協助。甚至在一個不理解的情況下，單就一個表面行為，就給予孩子很大的批判及懲罰。

年過五十歲的一位男性跟我提到，他回憶起在學齡階段，也就是七歲以後，在學校的成績表現總不盡理想，當下沒有人去教導和陪伴他如何克服這些課業上的困難。但因為分數不很理想，他回到家後，單單因為滿江紅，他的父親便不留情面的責打與羞辱，完全沒有一句關心或瞭解。

他的父親，將他推出家門外，將門反鎖，並且不給他吃當晚的晚餐，為的是讓他恐懼，知道下一次不可以再犯錯，再被扣分。他記得父親許多咆哮的責備：「我怎麼會生出你這種孩子!?」「你怎麼會這麼笨！」「養你不如養一隻狗！狗都還比較聰明！」等等對於他的攻擊、污衊及羞辱。

他只能忍受著這些攻擊和羞辱的傷害，沒有人會保護他，或撫慰他。在那些被推拒在門外的日子，他在暗黑的空間，獨自等著時間過去。他發呆、放空，然後告訴自己，等時間過去了，等時間過去了，就沒事了，就沒事了……

後來，成長之後的他，再遇到挫折，或被攻擊及指責，他也只好忍耐，告訴自己：等時間過去，一切就會沒事了。

可是，那無法煙消雲散的感覺是，自己的無能為力，和沮喪。當他感受到自己時，他就會感覺到自己的差勁，和一無是處。也會被自己內在的痛苦情緒困住，而動彈不得。這樣的自己，更是被自己厭惡，覺得沒用。

很多家庭的孩子，也曾經跟我說過，當他們被責打時，常常是承受了一個外人很難想像的可怕情境。例如，在父親的責備裡，或母親的責備裡，父母是會動手的。那個動手不是只是打打手心，做做樣子。除了反覆的賞巴掌以示羞辱外，抓頭撞牆，甚至還拿木棍、鐵條、衣架、鐵鍊、皮帶，很多具有傷害性的工具，來傷害一個幼小的身體。

這些孩子在承受這麼巨大的重創經驗中，不只承受身體上被侵害，被暴力對待，除此之外，他們的心靈更是受到很深的傷害；無法在情感上，經驗被父母疼愛的那種親密、信任感覺，反而是，經驗到「本來應該要愛我的，卻是傷害我最深的」那種無助感和矛盾感。

「為什麼你們要傷害我？難道你們不愛我嗎？」許多孩子的內心，如此哭喊著。他們因此無法去信任他們的父母了。他們不認為，父母會是他們生活裡，給予他們最大的支持，與最穩固依靠的那個人。很多人，其實都會經驗到這種被家庭，或是被父母拒絕、切割、排斥的感受，甚至不被視為一個重要生命、重要孩子去對待、去關照。

矛盾及衝突的愛

有些生命的早年傷痛，包括來自家族內，多角關係的角力拉扯。譬如，一個有著婆媳問題的家族，孩子必須面臨到在兩個女性（甚至多個女性）長輩之間選邊站的壓力，當他跟祖母很好的時候，他的媽媽會覺得他在背叛她；當他跟媽媽親近的時候，他的祖母會覺得這個孫子在背叛她、疏離她。

孩子常常必須面對到這種，被控訴為背叛及不忠的情境。可是對孩子來說，這些都是他的親人，他都想要去跟他們親近，他都想要去感受到與他們關係之間的

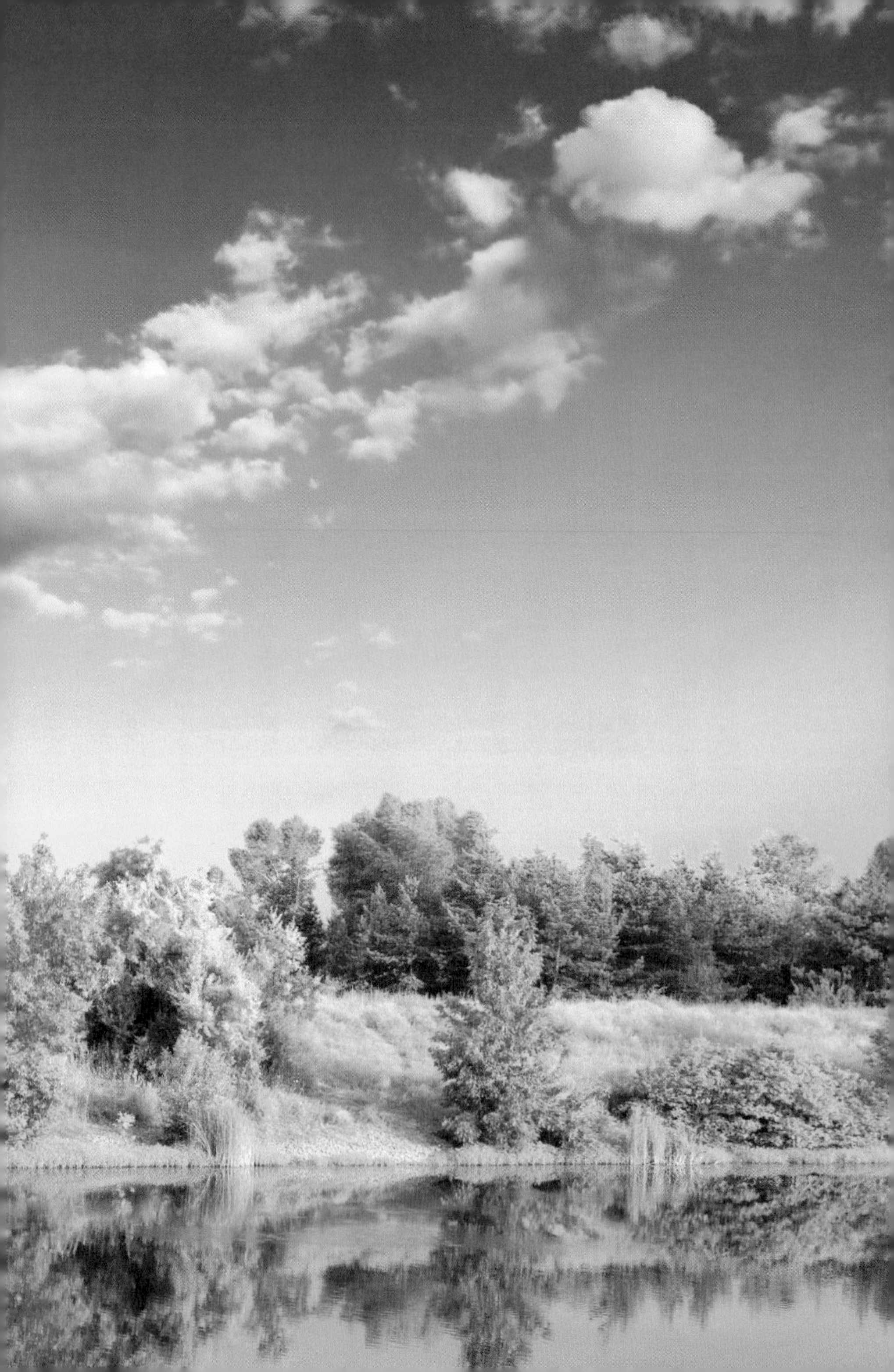

愛。可是這個愛，變得很渺茫、很掙扎，家裡不斷累積的怨恨、紛爭、仇視，使孩子沒有辦法經驗到，來自關係的和諧，與充滿愛的交流。久而久之，孩子對愛感到疑惑，也對自己沒有辦法滿足他人的期望感到罪咎感。

有位年輕的女性，自小就看著媽媽和祖母之間，衝突不斷。包括爸爸的手足，也對媽媽有許多指責及不滿。

媽媽，是在祖父母不是很滿意的情況下，嫁給父親。婚後，祖父母對媽媽自然有許多的不尊重，和漠視。自從媽媽嫁給爸爸後，就被要求不能外出工作，要在家打理一切，並且，要求將爸爸的薪資拿出來一半，支付他們一起住的房子所欠的貸款。媽媽因此感受到些許不平，他們夫妻幾乎沒有什麼可以自主決定的事。

然而，當祖父母有家族聚會，或是跟小叔、小姑外出用餐，卻又很少邀媽媽一同，不把她當一家人看待，這讓媽媽更覺得被漠視，及受欺負。

這些林林總總的恩怨情仇，讓這位年輕女性，從小就聽著兩邊（祖父母和媽媽）數落著對方的錯誤，並且都要求她應該認同，應該一起認為對方，過分又無理。

每當這些紛爭發生，這位女性就覺得糾結而煩躁。她很不想聽那些，充滿埋怨及挑剔的言語。她生命的成長過程，被這些烏煙瘴氣的紛擾充塞，家庭氣氛不是火爆嚇人，就是寒氣逼人。

她不懂，難道生活中，不能不要這些怨啊、氣啊、恨啊？這樣的家庭有意義嗎？只是攻擊、較勁，和指責，這種家庭，一點兒都讓她體會不到愛。也感受不到，有家人同在的幸福和親近。

這樣的早年生命經驗，更形成了生命後來的大困境——無法面對人際的衝突和對立。

面對人際之間的衝突與不和諧，這位女性就不由自主的感到恐懼和無助，無論她長到多大年齡，生命走到哪裡，都難以承受那種混沌不清，又拉扯衝突的錯雜關係。也很難擺脫內心最深處的焦慮：我要站在哪一邊？我可以做我自己嗎？若我真實的說出我的想法和感覺，我會不會被他們排斥和拒絕？會不會我也是他們攻擊的對象？

活在罪惡感及自責之中

有些家庭的對待，是把孩子當作需要不停被訓練的受訓者，而不是在家中體會及感受，何謂家庭生活。家，就像是一個巨大的訓練場，無時無刻都有最新的挑戰及任務。譬如：必須非常嚴格的練習某種樂器，非常嚴格的練習算術，非常嚴格的練習任何一種才藝。或是，練習任何一個他們被父母期待要有好表現的反應。在這樣的情況下，他們的一些失誤，或當他們沒有辦法如預期達成要求時，父母的否定、批評、訓誡、羞辱，往往伴隨強大的攻擊和傷害。可想而知，他們幾乎感受不到童年的歡樂和幸福。

很多人都曾說過，他們必須為自己求好的表現，不讓父母感到失望。父母親失望的表情，總是引發他們的罪惡感和自責。父母總說：「我為你付出那麼多金錢，我給你這麼好的資源，我給你這麼好的栽培，可是你卻不懂珍惜，我不如把這些錢拿去救濟別人算了。想當年，我很想要學這些，根本沒有錢讓我學，現在你可以，卻那麼不認真、不成材，對得起我嗎？」最後，對著孩子表達出，身為他的父母是多麼引以為恥，甚至指責孩子不配做他們的孩子。

這些早年的受傷經驗，不僅在發生的當下，形成了心靈傷口，在我們後來的成長過程，我們會深受影響，而無法肯定自己的價值，常常處在一種自我否定的焦慮中。當我們看到別人生氣，當我們看到別人失望，我們的負罪感及自責，立即湧現，覺得自己糟糕、差勁、沒用，感受到內在，有著無法輕易化解的痛苦感及不安。

那些早年傷痛，衍生的情況便是，在情緒上沒有辦法和他人有很好的分化（獨立分別開來）。無法分辨到底人我之間的情緒界線，該當怎麼拿捏，而哪些情緒是屬於別人的，哪些情緒是屬於自己的，情緒的發生和化解又該由誰來負責。

情緒的糾結及分化的困難，存在於我們社會的許多家庭中，屢見不鮮。關於情緒，我們最需要學習的是，如果情緒是我們個體產生的，我們每一個人都可以學會去處理和調節自己的情緒，而不是去歸咎另外一個人應該要為我們產生的情緒負責，及努力嘗試討好我們，才善罷甘休。那麼，個體將始終無法學習安撫自己的情緒的方法，始終外拋情緒（宣洩），讓他人承受情緒壓力及背負責任。

特別是大人的情緒，若只用為控制孩子行為的工具，要讓孩子因為恐懼父母親的怒氣（通常加上懲罰行為），而改變被視為不該的行為時，孩子是因為害怕情緒（被情緒威脅）而被迫改變自己的行為，而不是經過反思，或是被予以對話、討論，來瞭解需要改變的原因。那麼孩子不僅留下了對於「情緒」的誤解：「情緒都是可怕，及令人無能為力的，同時，情緒又是可以要脅他人來滿足我的工具」。孩子並未從大人身上學習到梳理情緒的方法，他只從經驗得到，情緒是可怕的東西，只能發洩，或是迴避、隱忍。除此之外，情緒毫無意義。以致個體無法好好透過調節，照顧自身情緒。

當然，就容易弄不清楚自己，該不該為他人發生的情緒（痛苦、失落、憤怒、沮喪）負起主要處理責任。於是生活中，常在自己的情緒和他人的情緒之間，糾纏成一團；把自己的情緒丟出，要他人負責、承擔、安撫，也去負責、承擔他人的情緒，無法自拔的受他人情緒要脅及控制。

但是，我們的上一代（父母），乃至更上一代以來（祖父母），都是將個人的情緒往外拋出的模式（對外宣洩）。不僅口頭上否認自己的情緒，內心也抗拒承認自己的情緒，還將自己的情緒，當成一種控制及威脅他人的工具，以強大的情緒氣勢，要他人立刻屈服，立即符合要求，或提供滿足。

於是，我們一代又一代，傳遞以情緒要脅他人的模式。又一代傳一代，不關注也不調節自己內在的情緒，只是拿來在人際之中，

製造更多攻擊及傷害、指控及操弄。

我們華人的家庭，很難好好的，讓我們的孩子理解與學習這部分。往往我們社會的父母親，很容易把強烈的情緒，諸如那些不滿、怨懟、憤恨、敵意，就直接丟給孩子，要孩子來做一個承接、消化，甚至要孩子反過來安撫父母，討父母情緒的平復，成為照顧父母的人。

但是，如果對大人來說，情緒都是一個壓力，是一個很難去克服跟消化的產物，也會抗拒承認自己情緒被引發的狀態，那怎麼會去期待一個其實年齡還算小的孩子，他們應該能夠承受來自於大人的情緒風暴跟情緒威脅？且能夠處理和回應？

情緒風暴摧毀自我

所以，很多的家庭的孩子，早年傷痛，就是承受情緒上許多威脅及恐嚇。他們不是在一個父母比較平穩而成熟的狀態，經驗到被陪伴成長，來學習面對很多的生命的挑戰，及困難。反而，常常必須承受、忍耐很大的情緒風暴，在當中經歷巨大的恐懼、不安、挫折、無助，造成身心的焦慮、緊張，及憂鬱沮喪。乃至於，我們很多人的自信心及自尊，無法穩定的建構、建造、累積。

當我們遇到人生後來的挑戰跟困難時，我們因此消極、退縮，被動地想逃避，甚至激發出恐慌、焦慮、無助感，而不是勇敢的願意讓自己，有更多的歷練，更願意迎接跟學習面對生命出現的挑戰。

這些早年經驗，都對我們生命的成長，有著廣大範圍的影響。最大的影響，就是對發展健康「自我」造成傷害。當人必須不斷的被傷害性情緒侵襲，被強烈性情緒威脅，他的內在狀態，必會經驗到被外界不停干擾及侵犯，甚至摧毀性的破壞。那麼，成長中所需要發展出的「自我」人格狀態，就無法在穩定中好好學習、練習、探討及研究，無法發展出具「成熟穩定」的成人功能，反而，一直處於孩童無助及恐懼的狀態，對承擔生命的責任，感到惶惑及失去信心。

關於生命那些不合理的「痛」

我並不是說每個父母都該完美，都該避免帶給孩子傷痛。事實上，生命本身，成長歷程就必然存在痛。

成長裡所包含的「痛」：幻滅是一種痛；失去天真是一種痛；現實的壓力是一種痛；體認到自己的限制也是一種痛，這些痛都是成長的代價。

但是，有一種痛是不該承受的，來自大人的疏忽、壓迫，甚至故意施害虐待。這樣的痛，不該承受，也不該被合理化。而經歷過創傷之痛的我們，之所以要療

TELEGRAPH CREEK

傷，之所以要走過，不是為了合理化這些傷害的發生，而是，不去認同那些傷害的發生，還給自己生命該有的生存權利及合理空間，也還給生命該有的心靈自由及痛苦釋放。

承認那些不合理傷痛的存在，是療傷的第一步

如果我們繼續否認傷害的存在，我們就連已然形成的傷口，毫無知覺能力，當然也無法深入探究這樣的傷口，引發的生命效應是什麼。如果，我們只是拚命的撇開頭，不願意回頭承認生命真實經歷過的傷痛，也認定了回頭撫慰，及療癒內心淤積的潰爛傷口，是不重要且無意義的，我們就失去了機會去整頓生命。也無法好好明白，自己究竟為何要將人生過成某種樣子，甚至，必須偏執的去控制關係中的他人，應該要展現出什麼樣子，我們才不會引發許多情緒爆發與情感痛苦。

療傷的路，並不容易，有許多時候，必須要能勇敢的揭露傷處。但揭露不是為了反覆搓弄傷口，而是為了細細清創，為傷口耐心敷藥，讓那些陳舊潰爛的心靈傷

痛，有新生復元的機能，讓生命止痛，開創實現自我的新局面。

家暴仍存在著

雖然台灣教育部明文規定，學校教師不能以體罰，作為教育手段，來要脅及恐嚇孩子的心靈，必須服從及順應學校要求。但台灣社會的家暴案件量，並沒有銳減。學校停止責打式教育，不代表家庭也一起停止了暴力教養方式。往往，一個孩子，在家中所承受的傷害及虐待，是連學校師長也無能為力阻止，及改變的。

據聯合國訂定「兒童福祉」的指標發現，台灣兒童健康幸福指數總排名十一，但是台灣孩子「身體安全」和「主觀幸福感」最差，而且一到九歲兒童死亡率是先進國家中最高，死因以意外事故為最大宗。（二〇一三年資料）

或許兒童因意外事故死亡，不全然是因受虐、受暴力所致。但不能否認，導致兒童死亡的原因，許多時候，來自大人的疏忽，及漠視兒童的生命安全。

兒童的生命，極為脆弱。往往因為大人的一個大意，或輕忽的認為「不會有事」，就任意的對孩子做出許多危害生命的事。二〇一四年十一月，台灣社會出現了一個父親，殺害自己親生兒女，不僅勒斃了女兒，對兒子也拳打腳踢。當孩子奄奄一息，快要沒命時，也不是緊張擔憂的趕緊送醫，而是直接抓進浴室沖洗冷水，再用CPR自行急救。待孩子終於恢復心跳脈搏後，只是冷冷說聲：「我家的孩子，就是命大。」

這樣的大人，對「傷害」無感，對生命冷漠以待。當動手的時候，往往也不知輕重，甚至孩子有越大的掙扎，越大的哭喊，下的手越重，進行的暴力行為越無情。

即使，許多以肢體暴力虐打孩子的父母，辯稱他們是出於愛；都是為了管教孩子要聽話、不要吵、不可以不乖，才施打懲罰。但一切都是「為了孩子好」的說法，並不能合理化他們所造成的生命傷害。

許多大人曾表示過，適當的體罰是需要的，因為這樣才好管教孩子。說出這種話的大人，根本沒有真正的深思，他們的體罰行為，究竟出於什麼樣的內在思維，又是出於什麼樣對待生命的態度。

身體傷害及虐待所造成的傷害

以身體懲罰作為管教手段的大人，是在推動「不要思考」、「不需溝通」的一種關係壓制。被這樣對待的孩子，沒有身體自主權，只因為年齡小，體格弱小，就被大人任意的以管教為藉口懲罰，這無疑是破壞孩子的身體界線，讓孩子從很小開始，就對自己身體遭遇的傷害無能為力，只能無助及隱忍。

大人為了求自己好管教，或方便行事，而以身體懲罰當作行為控制的方法，省略協助孩子情緒調節、明辨思考的過程，如此是將孩子非人化。不僅剝奪及傷害孩子原本信任這個世界、相信自己父母的情感，也迫使孩子在情感經歷創傷後，開始摒棄感受，在自己屢受傷害時，不要感覺自己，不要和自己的身體連結，而形成自體感（主體）的分裂。

若孩子持續的和自己身心被傷害的經驗連結，內在必會經歷更大的情感衝突，究竟要愛這個會傷害自己的父母？還是要恨這個會傷害自己的父母？又愛又恨的內在情感，孩子能如何調適？該如何平衡？這幾乎是迫使孩子，必須經驗到極端且糾結的情感，同時在強烈起伏、不穩定的情緒中，反覆痛苦，反覆疑惑，反覆掙扎。

從心理學家哈洛的實驗認識愛

哈洛（Harry F. Harlow）以研究嬰兒時期養育者關係、依戀關係、社交孤立等等主題聞名。哈洛的心理學實驗，肯定了孩子成長早期，安全感、愛及親密關係建立的重要。

哈洛的實驗，常常使用恆河猴作為研究對象，包括設計一些殘酷的實驗，來證明依戀關係的存在，及依戀關係的品質如何影響生命的發展及成長。他將年幼的恆河猴單獨隔離二十四個月之久，使得有些動物權益者非常反對哈洛的做法，認為哈洛剝奪了小猴子的成長權益；卻也因為這系列的實驗，激發了美國動物權益的運動。

哈洛的「代理媽媽」實驗，是這一系列實驗的基本設計：將初生不久的恆河猴，和兩個假的猴子放在一起，一個用毛巾布包裹，另一個用鐵絲線製造。研究發現，小猴子傾向與有溫暖及舒服特性的「布媽媽」相處，並依偎。即使將奶水放在「鐵絲媽媽」懷裡，小猴子吃過食物之後，仍會跑回布媽媽身上依靠，尋求情感慰藉。當受到驚嚇時，小猴子也會跑到布媽媽身上，尋求安全的依靠，並調節自身情緒的穩定。

這些小恆河猴，經由觀察發現，在缺少玩伴及真實母親的情況下成長，較易有恐懼，或較易攻擊別的猴子或人類，這些都是由於不安所激發出的反應。這是由於失去母愛保護，於是，對環境感到一種威脅感，而經驗到的情緒反應。

當將初生的猴子，孤獨隔絕在籠裡生活六個月後，這些猴子嚴重缺乏社交能力。若將在正常社交環境下長大的猴子，孤立六個月，回到正常的生活情境之後，他們只能夠復原部分的社交能力。這讓我們瞭解「社交孤立」，將對人際關係及互動能力所形成的傷害。

鐵娘子（Iron Maiden）實驗，則是哈洛設計的一種特殊代理媽媽。讓假的「布媽媽」向初生的小猴子發射鋒利的鐵釘，並向小猴子吹出強力冷氣，把猴子吹得只能緊貼籠子的欄杆，不停尖叫。

這部分的實驗極為殘忍，但更令人感到悲傷的是，即使小猴子被代理媽媽攻擊而驚嚇，但因為，在心理早已依戀「布媽媽」的存在，以求獲取情感上安全的需求，所以就算被攻擊，也不放棄趨向「布媽媽」，尋求想要的依偎及擁抱。

即使備受攻擊，仍要趨向愛

哈洛透過這殘忍的實驗，告訴世人，孩子的心也是如此。即使知道父母會傷害他，甚至曾經經歷了攻擊而驚嚇，但心理的情感需求，仍渴望親近父母，渴求父母親的愛及擁抱；特別是母親。

對於孩子而言，父母親的愛，特別是母愛，是一生都渴求的確認。這份愛的保證及確認，不僅是我們內在安穩的基礎，同時也形成我們第一份人我關係的模式，從這一份人我關係知覺到「自己是誰」、「他人如何」，及「這世界是怎麼樣的、如何運行的」。

然而，當父母親的愛與攻擊同時存在，孩子在缺乏行動能力下，又極需父母的存在，以獲得生存的保障及保護時，他就必須內化父母親的對待方式，包括認同父母親所灌輸的價值觀、信念及態度，來讓自己可以「安全的」留在父母親身邊，不致遭受遺棄及攻擊。這就是父母親所影響的人格塑造，及複製在下一代的生存模式及生存法則。

每一種反覆承受的痛苦背後，都有一份早年的傷痛

沒有人能不受原生父母親的影響，即使一位宣稱自己無父無母的孤兒，他仍受「父母親缺席」的影響。父母親對孩子生命的影響不僅日積月累，同時根深柢固。

我們沒有完美的童年，自然沒有完美的自己。我們都曾在過去童年時期，乃至成年，在和父母親的關係中，知覺自己的存在，也習得一些生存模式，更多的是，我們在這重要的關係中經歷到許多複雜又糾結的感覺，拉扯、跌落、掙扎、對立、壓抑、否認、抗爭，無論經歷什麼，我們在拚搏的，仍然是想證明自己：我是值得存在，也值得無條件被愛，更是一個富有價值的人。

但是，遺憾的是，那被過往傷害及封鎖在內心黑暗世界的小孩，不一定能被看見，被懂，他究竟走過什麼樣苦痛、憂鬱的來時路！

而過去不被理解與理會的苦痛，鎖在我們的心靈深處，見不得天日，照進不了光，成為我們最幽暗的哀傷，最沉重的痛苦。

而最令人感到冤屈的是，那留在我們身上的傷痕，在心靈深處隱隱作痛。我們忍受不為人知的痛楚，用盡各種方法，想讓自己與這些痛苦保持距離，以避免我們被那糾纏不清的苦痛情緒滅頂。但無論怎麼努力活得像所謂的「正常人」一樣，我們終究覺得自己擺脫不了一些猶如詛咒、猶如宿命的不幸、傷害，和痛苦。

再怎麼樣，也擺脫不了的「好想不存在」。

再怎麼樣，也擺脫不了的「活著了無意義」。

再怎麼樣，也擺脫不了的「我好虛空，好沒價值」。

再怎麼樣，也擺脫不了的「空洞，孤立，感覺不到愛」。

再怎麼樣，也擺脫不了的「焦慮、恐懼，好怕自己失敗、無能」。

再怎麼樣，也擺脫不了的「為什麼沒人愛我？」「為什麼我擁有不了我想擁有的？」

……

無數對自我生命的懷疑，無數對愛的渴求及失望，禁錮心靈，也成為身體極大的壓力負擔。

特別是，怎麼也鬆動不了束縛，壓制了心靈的自由，讓人體會不到與生俱有的生命力量，不知自己為何存在，著實「困」在動彈不得的悲傷沼澤中。

每一種反覆承受的痛苦背後，都有一份早年的傷痛，重壓在心靈深處。在千萬次反覆的經歷中，形成了自我的破碎，也劃出了一道道的心靈傷痕。

看見傷痛，療癒傷痛

這些傷與我們一起活著，卻不一定被我們看見、理解、觸摸及療傷。我們不敢直視，不敢翻看，不敢觸碰或許早已血肉模糊、潰爛成傷的痛處。

但沒有看見，沒有承認，沒有觸摸，就沒有清創，就沒有照顧，沒有療癒。

重大且深入的創傷，療癒，從來不會自然發生。唯有帶著害怕，鼓舞勇氣，清楚的知道自己想要療癒的意義——給自己生命一個重生的機會，真實的與愛連結，真實的理解愛，成為愛的生命。

不再是乞求、不再是討愛、不再是隨著外界忽有忽無的愛，而不穩定的對待自己、照顧自己。真正的願意，成為自己最忠實的支持者、陪伴者、同行者。無論景況如何，都不離棄自己，都不再認同那些曾經傷害自己的方式，再來傷害自己。

一、扁與貶的傷痛

雅幸曾經問媽媽：「為什麼你們生了我，卻不愛我？」她得到的回答是：「你應該檢討自己有什麼好值得被喜歡？被愛？」於是，「是我自己不好，如果我夠好，我的爸媽怎麼會不愛我呢？」雅幸總是這樣告訴自己。

雅幸出生在一個很「正常」的家庭，父親是中學老師，母親是幼稚園老師。這看似再正常不過的家庭，卻有著不平靜的生活。

幾乎在家的時刻，雅幸的父母就有大大小小的爭吵，很難寧靜。他們兩個誰也不服誰，對什麼事物的看法都相左，包括對雅幸的行為要求及教養理念。

雖然，父母都是所謂的教育專業人員，但是，雅幸的父母，回到家中，大部分的時候都是精疲力盡，對很多事情都不具耐心。雅幸從很小開始，就常常被要求「不要當小孩」。媽媽最常跟她說的話是：「懂事點」、「再任性試試看」。爸爸最常跟雅幸說的話是：「不要哭，再哭，就打下去」，或是「再吵，你就完蛋了」。

雅幸從很小開始，就羨慕外面的孩子，總是被他們的父母充滿耐心、慈愛、溫和的對待。可是，她的經驗不是如此，她的父母對她，常是咆哮、辱罵，甚至有時候，他們的脾氣突然間控制不住，就會朝她丟東西。

最嚴重的一次，是她回答爸爸的一句問話，不得爸爸的滿意，爸爸突然衝向她，左右賞她耳光，還抓著她的頭直接撞牆。

而媽媽，始終對她表現出不滿意的反應。從面貌長得較像爸爸開始，媽媽常說她醜，以後大概嫁不出去。又說她笨，功課始終吊車尾，怎麼補習也沒用。媽媽總是感嘆的說：「好歹我們在社會上還受人尊敬，也算優秀，不懂怎麼會生出你這麼低品質的小孩？」

雅幸隱約中覺得，父母之間互看不順眼，都拿管教她來出氣，來顯示他們自己的權力，看誰較能握有孩子的管教權。

雅幸在這個家很孤單，因為除了成為父母親的武器，用來羞辱及攻擊對方之外，她感覺不到自己生命存在的價值及意義。

父母兩個人，都要人的尊敬，人的稱許，人的重視。即使回到家中，也仍以老師身分自居，常常對著雅幸說道理、說規矩。雅幸很早就放棄了，她知道，生在這個家中，她永遠不會有自己的爸爸、媽媽，只有「某老師」和「某老師」。

在巨大「老師的小孩」陰影籠罩下，雅幸覺得自己恐怕做什麼都不會成功，就連她的爸爸常說的：「不要讓我丟臉。」好像都無法辦到，她始終覺得，自己一直在讓她的父母丟臉，自己是父母的恥辱。

她曾經問過媽媽：「為什麼你們生了我，卻不愛我？」

她得到的回答是：「你應該檢討自己有什麼好值得被喜歡？被愛？」

於是，「是我自己不好，如果我夠好，我的爸媽怎麼會不愛我呢？」雅幸總是這樣告訴自己。

關於證明自己是被愛的孩子，她想也不敢想，她相信不管自己怎麼做、怎麼努力，結果都是一樣的；她注定會失敗，她注定會被失望，她注定看不到父母因為有她這個孩子而滿意、開心的笑容。

※　※　※

對孩子來說，父母是一生中「最重要，也最特別」的人，他與他們的生命緊密連結。然而，當這一份特別且重要的關係，是不斷的告訴孩子，他的生命很糟糕，不值得被愛，很差勁，一無是處，這等於是重複的踐踏孩子的自尊，也在孩子的心靈，不停賞巴掌。

對孩子來說，如果連生他的父母都不愛他，又如何能去期待其他人會愛他。這世界，在孩子的知覺中，將是一個厭惡他的世界。

「恐懼」成為孩子最無法擺脫的「情緒困擾」

什麼樣的父母，會絲毫不關切孩子的感受呢？也完全不想理會自己對待孩子的方式，究竟會對孩子形成什麼樣的影響？

往往我們會看見幾種類型的父母是這樣表現的。一種是「權威型父母」，另一種是「自我中心型父母」。還有，對人類心靈及情感漠不關心，幾乎到無知的父母。

「權威型父母」因為職業、身分，或社會位階，或傳統文化影響，而認為自己身為父母，就該是權威的地位，而剝奪孩子的主體性，認為孩子只是一份所屬物，或是下屬（位階較低）。

一些根深蒂固的權威思想，讓權威型父母剝奪了孩子生命的主體感，不視孩子為有獨立情感、思想、行為自主能力的「人」，而是必須符合所有要求、指令、規範的機械，不應該出現差錯、延遲，及任何不允許出現的行為，否則，就是敗類、錯誤的「產品」。

不被視為一個完整的生命個體，孩子便無法充分的知覺到自己主體的存在，對於自我的發展，有不利的影響。不敢是自己，不敢做自己，不敢提出自己的需求，也不敢接觸屬於自己的情感及思想。

「自我」遭受攻擊及破壞，自信及存在所需要的安全感，都因此受到打擊。「恐懼」是遭遇扁與貶教養的孩子，最無法擺脫的「情緒困擾」。處在必須無時無刻提防攻擊傷害，或是必須忍耐無情傷害不停的施暴在自己身上，「恐懼」幾乎是無時無刻不在他們內心發生。

當我們的大腦不斷的提取出「恐懼」的情緒，來提醒我們，我們所處的情境不安全，我們隨時都可能被傷害時，個體便無法放鬆，無法經驗安全，而不停的處在「害怕受傷」的焦慮中。

愛，是每個孩子的需要與渴望

孩子想要受肯定、想要被稱許、想要知道自己是不是被愛的，這是每個孩子的需要，也是生命無法被抑制的渴望。所以這給了孩子一個可能遭遇受傷的機會，就像哈洛實驗中的小猴子，只要依戀了那以為會給愛，及安全依靠的對象（布媽媽），即使那對象（布媽媽）身上射出鐵針，小猴子即使承受了被射擊的痛苦及恐懼，仍要趨近那想獲得愛的對象（布媽媽）。

當孩子那麼需要愛，渴望愛，那渴望愛的對象卻帶來傷害及疼痛時，情感上便產生衝突及矛盾。想靠近，又害怕受傷；但又不能就此放棄或拒絕接近，於是，循環性的反覆受傷，在舊的傷口處，不斷增加新的傷痕，以至於孩子幾乎失去機會，好好的修復自己受傷的身心，就得繼續再承受。如此，精神上處在崩潰邊緣，或是持續性的消沉，是遭受強烈攻擊的孩子，越來越失去生命活力的原因。

當孩子成為滿足父母的工具

「自我中心型父母」幾乎在生活世界中，只關注自己，無法意識到自己身為人父、人母，有教養關照的責任。

他們的過去，有太多個人的未滿足需求，不斷的在生活中釋放。或是，在成長過程中，他們並未有機會學習將視線連結到外在其他事物，絲毫不懂如何關心他人的狀況。

這樣的父母，孩子不是他自己，而是來滿足或服務他們的工具。這些孩子，常被差遣，被要求，被挑剔。孩子不能說不，不能不聽從，不能有自己的感受及想法。「你意見很多」、「你敢說不？」、「你竟敢不孝？我養你做什麼？」等等的言語，就是這類型父母用來控制孩子服從，及威脅孩子的恐嚇。

父母無法回應孩子的愛及情感需求

不論是權威父母或自我中心父母，孩子一有不從，或是個人的情緒展現，則被強烈的怪罪及責備破壞了家庭的和諧和安定，不斷的強化孩子內心應該要感覺到羞愧，因為他是罪惡，是恥辱，是不符合標準的瑕疵品。

對人類心靈及情感漠不關心，幾乎到無知的父母，就更加無法回應一個孩子所需要的愛及情感需求。猶如一個無精神層面需求的生物體一樣存在，只有吃、喝、排泄、睡眠，日復一日，存在，只是因為活著。因為，不花任何心力付出在內在的思想及感受上，精神層面的呼應，刺激，連結，幾乎是零經驗值。

孩子在幾乎無愛的環境下生長，生命無愛灌溉，內心的空虛感、無價值感，油然而生。他無法感知到一個明確的自己。當感受到自己時，浮現的就是自己的可惡、可憐，甚至無能及可悲。

這種對生命的虛無感、罪惡感，將使孩子的心靈被放下「憂鬱」的種子，隨著生命的長大，憂鬱的種子，也生長成一棵巨大的憂傷樹。

給受傷的小孩

親愛的小孩，我知道你心裡滿是憂傷，在無數的日子，你忍受著被嫌棄的感受，彷彿自己的存在，只配得到羞辱、指責，及取笑。

你好渴望愛，一種讓你安心的愛，讓你可以開心，可以笑，可以自由感受活著氣息的愛。那種必須噤聲，小心自己不要被瞧見而受人攻擊的日子，你不知道何時才能結束。你也不懂，自己究竟犯了什麼錯，好似理所當然的，就必須背負著永無止盡的懲罰及指責。

所以，你盡可能讓自己好像不存在，能躲就躲，靜悄悄的，連呼吸都憋住，就是不要讓人發現你，而毫不留情的傷害你。

你總是默默的流淚，深鎖住眉頭，卻不敢向人說出你的痛、你的傷。你真的以為，若不是自己太糟糕、太沒用、太軟弱，又怎麼會招來別人這麼多的批評？所以你想自己是活該，活該被罵，活該被討厭，活該沒有人愛。

如果一個人連他的父母都不愛，又怎麼能相信這世界會有人真愛他？

親愛的小孩，我知道，曾經你嚎啕大哭過，你好委屈，好想要問，如果你不值得愛，為什麼你要存在？

你一直試著努力，努力的符合周遭的要求，努力的達成別人對你的指示及期待，但是，好洩氣，也好失望，那些努力不僅沒有被看見，還被批評得一無是處，甚至被輕視著，好像你再怎麼努力，也沒有用。久了，你連努力的勇氣都沒有了，也無法相信自己有能力做到自己想做的。

親愛的小孩，你知道嗎？不是你一無是處，也不是你努力總是沒用。而是，你的家，你的環境太多嚴苛，嚴苛到看不見你的好、你的努力及付出。甚至，無情的傷害你的身體及心靈，漠視你是完整的生命、獨立的生命。

而你承受過的那些貶抑、責罵和懲罰，傷害了你的心，也嚇壞了你的人。被恐懼情緒滅頂的你，除了經驗到恐懼，就不知道還能感受到什麼。

讓我們輕輕的拍撫著你的胸口，那些驚嚇，那些無助，和那些恐懼，深壓在你的胸、你的心。它們壓得你喘不過氣，也不敢流出淚。讓我們輕輕拍撫著受傷的心，允許你自己慢慢流淚，即使哭出聲來也沒關係。因為唯有流淚，哭出聲來，你才能呼吸，張開口大大吸氣、吐氣。

你的驚嚇與無助，需要被看見，被懂，被觸摸。你是一個無條件值得被善待的生命。即使是父母，也不能任意的侵害你的身體、羞辱你的心。我知道療傷的路很長，但從現在起，給自己一個相信；相信你生命的美好。不需要再透過渴求、乞憐、討好別人的給予，我們才能夠相信自己夠好，自己的生命有價值。

親愛的小孩，請讓你自己是你心愛的人。我們心愛著自己，然後帶著曾經傷過的心、受過的傷，陪自己走向無條件愛自己的方向。在那方向的終點站，沒有人能再無情的傷害你，也沒有人可以任意的對待你，因為你學會愛護自己，也學會真實的肯定自己。

而愛，不再與你分離。你真實的與愛同在，不再以為愛是奢望、愛是不屬於你。

二、空虛的傷痛

利澤覺得只能是別人生命中的其次選擇，對爸爸而言，事業最重要、錢最重要、成就最重要；對媽媽而言，婆家的評價最重要、丈夫的需要最重要。於是，他很習慣的，總把自己擺在後面。

利澤在國小畢業後，即被送到加拿大開始小留學生的生活。父母親在利澤的學校附近，買了一棟洋房，方便利澤上下學。利澤的母親也跟著過去，陪利澤一整年，適應環境和文化的改變。

後來，因為利澤的爸爸，不論公司或是生活，都需要媽媽的協助，於是要求媽媽返台。利澤被交給在加拿大認識的台灣人朋友代為關心、照顧，利澤的媽媽就返台打理公司和家。

之後，利澤的媽媽，每半年到加拿大探望利澤一次。每次探視，就待近一個月的時間陪陪利澤。這樣的模式，維持了五、六年，因為利澤的祖母生病了，利澤的媽媽為了照顧老人家，不便離開，漸漸的，一年才到加拿大一趟。

而經過了這些過程，利澤也上了大學，走過了語言不通，被同學嘲笑羞辱及排擠，還有課業跟不上的階段。

雖然看起來，利澤的留學生活漸入佳境，但利澤上了大學後，憂鬱症開始纏身，反覆出現的無意義感，對自己的能力沒有信心，感受到的未來，多是悲觀及充滿困難的。

偶爾，甚至有脫序的行為，連著幾夜喝酒，學校的課程都沒出席，也曾在深夜喝過酒後，開著父母親送給他的成年禮——一輛名貴轎車，超速狂飆。雖然沒出車禍意外，但他心裡知道，其實他很想在超速駕車時，放開方向盤，任自己喪生在衝撞中，結束他痛苦的心靈。

在他的內心世界，只有他知道自己的懦弱，面對這充滿危險及威脅的世界，他感覺到好絕望。

他知道他的家很富裕，他要的物質享受，他都要得到。只要開口要什麼，媽媽幾乎都給，那是媽媽因為沒有陪他成長的愧疚感，而盡力給予他的物質補償。但是無數的日子，他獨自在空蕩蕩的豪華屋內，望著一屋子的高級設備、擺設，然後感受四周的寂靜，內心不禁湧出無盡的孤獨感，彷彿這世界都遺忘了他的存在。

而他的存在，也對任何人沒有太大的意義。他只能是別人生命中的其次選擇，對爸爸而言，事業最重要、錢最重要、成就最重要；對媽媽而言，婆家的評價最重要、丈夫的需要最重要。於是，他很習慣的，總把自己擺在後面，所有人沒注意到他，不想關切他的感受與想法，他也習慣了。

在他找不到自己的生命存在意義之前，在他只感覺到自己像是被圈養在黃金鳥籠裡的老鷹的絕望中，他還是讓不會離棄他的那些物質；酒、菸、車、鎮靜劑來安慰他虛空的心靈吧！

虛空，是一種很令人心慌的感受，內心沒有可以依附的重心，而自己的內心又無法看重自己。感覺到的自己，像是一種隨意可被攜帶，又隨意可被放置的「東西」。

※　※　※

在我們是小孩的時候，大人無法總是待在我們身邊，我們必須被「安置」。在安置的過程，我們不可能「準備好」，小孩子是沒有「準備好」的能力的。孩子的世界沒有足夠多的經驗值，來讓他預估什麼會發生，他又該怎麼辦。

於是，在一次又一次的置放中，孩子只能經驗，只能感受，只能累積去瞭解這一切是怎麼回事；在已知有限的認知裡，去建構對於那些未知的瞭解。

孩子一次次失望

如果，我們在被置放後，是一連串的壓迫、打擊、恐嚇及威脅，對於心靈力量尚還脆弱的孩子而言，無疑是在驚嚇中，忍受著那些說不出口的恐懼及無助。

在已知有限的認知裡，我們累積下來的是：「我不好。我做錯事。我不是被愛的小孩。沒人愛我。」

孩子的我們，當然會期待有個巨大者的保護，我們會希望有個「有能力者」幫我們把危險解決，只要有他的保護及照顧，我們就能遠離令我們痛苦不安的遭遇。

可是，期待並不一定帶來實現。期待的過程，常是反覆的失望及失落。我們哀求、哭喊、求救……但得到的回應是否定、拒絕，甚至音訊全無。

所以，我們累積了「經驗」，告訴我們自己：「沒有人會在我身邊，即使他們會出現片刻，他們也終究會離開。當我需要他們時，換來的只是被輕視，被嘲笑沒有能力，還有他們的厭煩。這樣的我，只是存在於這世界的笑話。」

只感受到空洞與寂寞

更進一步，我們告訴自己，無論遭遇什麼，都不重要了，不要再去對自己所承受的、所感受的、所遭遇的「有反應」。沒有感覺，沒有想法，沒有自己，沒有心靈，自己只是空乏的軀殼，會移動而已。又像是輕薄的棉絮，飄來飄去，也尋求不到可靠的停歇處、落腳處。

空洞，是一種可怕的存在狀態。一切都是空，一切都連結不到，無論是關係，是愛，是情感，都無法實存於心裡。

可是再怎麼沒有感覺，也無法不感覺到寂寞。這是虛空，所引發的巨大痛苦。人，始終無法只是單一的存在。因為我們有情感連結的需求，有感受到愛的渴望。但是，環境的訊息，像似在對我們說著：「你不重要，你不重要，你不重要……」

以致我們真的也不認為自己是重要的，也不敢視自己為重要。也許我們掙扎過，抗爭過，討求過，但當環境回應始終是空的回音時，我們將徹底扼殺我們的心靈及情感，任憑心靈萎縮，情感麻痺，喪失本來與生俱來的功能。

拚命找填充物，填補自我

空虛的傷，使我們感受不到自己。而內心空虛的痛苦，讓我們在失去自我的同時，拚了命找填充物，不自覺的吞噬著周圍的東西，不論那是什麼。那是什麼變得其次，而是吞噬的動作及過程，讓自己以為自己不空，以為自己擁有著。

食物、菸酒、物質、他人的情感、看似有能量的對象……都可以是吞噬的來源。所尋求的不是連結，回饋於感受到自己的存在（有感覺、有思想的獨特個體），而是透過吞噬，尋求一種安慰；安慰自己好似擁有什麼，有了這些佔據著生命的空間，而不是盡是空乏。

所以，矛盾的是，越是虛空的個體，所囤積及濫用的東西越多。透過外在所擁有的物質、囤積的東西，想要塞滿滿心的虛空感。

甚至是無形的時間也被塞滿行程、活動，而不敢去經驗任何的空白、獨處。好似充實的日子，是在掩飾無盡落寞、空乏的自己。

生命，需要陪伴

其實，生命的成長，需要足夠的陪伴，才能有足夠被關注的經驗回饋，讓生命知覺到自己的存在；一個有獨特自我的存在。

當被關注的經驗是空，被回應的經驗是空，被情感連結的經驗是空，個體的內在便會只有空。對「自我」的發展形成了一定程度的傷害。自我無法發展，就無法真實的成為自己。對於自己的需要、渴望，就無法切實感知，也無法付出行動去回應自己的需求，滿足自己真實的渴望。

一個懼於成為自己的人，或對自己一無所感的人，是無法感受到自己的充實的。

可是，弔詭的是，當被關注與被陪伴的經驗是空乏時，個體即使成長了，關注及陪伴自己的能力仍不會自然而然的補足。

當面對自己時，仍是感覺到隔離及斷裂，只是一種絕緣體的存在。無法給自己溫暖，也無法以情感回應自己的存在。自己，仍是像荒蕪的曠野，草木皆無生機，沒有生命力，也無任何聲音，只是寂靜，甚至是死寂。

無愛，成為巨大的傷害，也讓心靈在垂死邊緣，毫無生命力。

給受傷的小孩

親愛的小孩，我知道你好痛苦，好多好多的恐懼及無助，侵蝕著你的心。你經歷著遺棄，感受到自己只有一個人，必須面對著龐大的困難，及令你恐懼的環境。你沒有辦法，沒有能力保護自己，只能讓那些殘忍、嘲笑、不以為然，及羞辱發生在你身上。

你想克服，努力的觀察、學習、適應，瞭解外在的世界，到底是怎麼運行的。但是，每當適應了一小部分，挑戰及攻擊，還是不斷朝你而來。

我知道你內心的良善，你不想要成為那些攻擊你的人，即使曾經想過報復，但你仍不想成為那種樣子。於是，你強忍著，你撐著，把那些難受的時刻忍耐過去。

你當然也怨過，為什麼沒有人保護你？為什麼沒有人知道你遇到危險、遇到困難？為什麼沒有人心疼你必須承受那些痛苦的對待及遭遇？這些經歷，讓你看見一個可笑的自己，一個膽小懦弱的自己，和一個無能為力的自己。

親愛的小孩，我知道你在埋怨這個世界的同時，也好氣自己；氣自己軟弱、氣自己沒用、氣自己不夠強大、氣自己丟臉難堪。即使向家人求救、求助了，這世界所發生的殘酷，仍是他們幫不上忙的，也是他們不瞭解的。

而更多時候，你只感受到父母只關注自己的事，他們在自己的生活裡打轉，忙得不可開交，甚至沒有心力再多承受你的需求。你只能自求多福，自己靠自己。並且小心翼翼的讓自己適應著日子，避免惹出太大的波瀾，讓別人煩憂、擔心及厭煩。

親愛的小孩，我知道你的心真的好累。那些不得不堅強的日子，那些必須咬緊牙關度過的日子，像是無數的重拳打在你的身上、打在你的心上。當你歷經過這一切，度過了只有你自己知道的脆弱、恐懼、無助及悲傷，然後呢？留下的仍只是寂寞。沒有人知道究竟你遭遇了什麼，度過了什麼樣的苦痛。那是別人永遠不會瞭解的苦，你甚至放棄了讓人瞭解。

你將那些苦痛壓置在心裡的最深處，彷彿內心有個囚牢，你把那曾經暗自哭泣、無助哀嚎的自己關鎖在裡頭，不准他見到天日。你相信，只要不要再讓他出現，就沒有人可以因為這個軟弱的他而嘲笑你、欺負你。你刻意剛強的背後，是不要再受傷了，也不要再對這個世界懷抱任何情感。這世界只是不斷的辜負你的情感，並且任由傷害、攻擊、危險發生，而不加以阻止。

你累了。真的好累，好疲倦。那疲累像是一大片黑，覆蓋著你的生命，讓你感覺不到光亮及希望。又像是沼澤，緊緊抓住你的身軀，令你動彈不得。你無力再去期待、再萌起任何想望，也無力再和這世界任何部分連結。你只是想要平靜，一種感覺不到喜、感覺不到哀、感覺不到怒、感覺不到懼的平靜。

你甚至想過，或許只有死亡，才可能給你那樣的平靜。親愛的小孩，你知道嗎？這是你保護自己的方法。你以為只要不要再去感受這世界，也不要再感受到自己，你就能解脫，遠離悲傷，遠離苦痛，遠離脆弱及恐懼。你以為，活著就是只能強悍、剛強，那樣才不會被這世界踩在腳下，才不會無盡承受那些不公、殘忍的傷害。

在你保護自己的過程，你真的盡著力、賣著命、流下難以度量的淚。我好想邀請你一起再看看這樣的你；一個絕不讓自己倒下，獨自苦惱，忍受著孤單、害怕、驚嚇，度過好長歲月的你……

這個你，只是好需要一個看見，一個擁抱，一個疼惜，一個在乎。

或是，拍拍他的肩，對他說：「我看見你努力著、勇敢著、面對著。我知道要走過這一切，真的好不容易，好不容易。」

然後，我們允許他哭，允許他哽咽啜泣，或允許他沉默不語，卻靜靜感受著我們給他的溫暖。那是他渴望已久，卻失望到想都不敢想，要都不敢要的，溫暖。

如果，我們可以讓他和你重新再連結，那麼，我相信有一刻，你會懂了他的承受，懂了他的背負，也懂了他的辛苦。在那一刻，請你給他，一個最深的擁抱。他是你，你是他，你們不再需要隔離、分開、切斷。你們真真實實的成為一個完整的你，可以有感受的你，可以有想望的你，可以好好陪伴自己、愛著自己的你。

我祝福著你。

三、「都是為你好」的傷痛

耀名的爸爸很少和耀名互動，耀名對爸爸比較有印象的記憶，總是爸爸看見他時，隨口丟下的一兩句話：「要努力，不要偷懶。要聽媽媽的話，不要讓媽媽生氣。」

耀名，是家中唯一的男孩子，他之後還有兩個妹妹。這個家，幾乎所有的資源及關注都在他身上。從很小開始，耀名就被送往各種才藝中心，學習各種才藝。

從小，他就被灌輸，這個家以後是他要照顧的，所以他要成為一個很有能力的人，而且，要能光宗耀祖，不可以被失望，不可以沒擔當，不可以成為沒用的敗類。

耀名的爸爸，是一位教授。許多時間，都是在學校的研究室度過。耀名的爸爸，在他自己的專業領域滿有名氣，工作及研究計畫，塞滿了他的時間。

他很少和耀名互動，耀名總看到他來去匆忙的身影。耀名對爸爸比較有印象的記憶，總是爸爸看見他時，隨口丟下的一兩句話：「要努力，不要偷懶。要聽媽媽的話，不要讓媽媽生氣。」

爸爸的這一兩句話，似乎表示了爸爸有善盡養育責任的證明。而爸爸的成就，更成為耀名生命必須要奔向的標竿，但同時，也成為耀名心中巨大的陰影，籠罩著耀名的生命，不停的告訴耀名：如果你不能像父親一樣聰明、有成就，不能超越過他，那你就只是一個失敗者，令父母蒙羞的失敗者。

因此，耀名不斷的練習各種才藝，只要家庭所安排的，鋼琴、小提琴、棋藝、數理、美術、作文、英文，他都努力的學習，趕上各種進度，也不斷的要在各種比賽中，獲得獎項。

獲得獎項，才能證明自己對父母的栽培，有所回報。

但隨著生命的成長，耀名遇到的對手越多，耀名開始在各種比賽中落敗，也感覺到自己對於競賽越來越吃力，僅僅有幾次差強人意，獲得名次。更多時候，耀名連晉級比賽的機會都沒有。

他開始感受到自己的無力。遇到瓶頸的感覺，讓他想逃，逃避練習，逃避競賽。更糟的感覺是，不參加比賽的自己，似乎就什麼都不是了。

除了用比賽競爭來證明自己，還有什麼可以來證明自己？還有什麼可以來回報父母的栽培？還有什麼可以讓爸爸知道，自己很努力，是個優秀的孩子？

他心裡壓抑著這些沉重的情緒，壓得自己喘不過氣來。

他好害怕失敗，好討厭失敗，好厭惡那個失敗的自己。而當他恐懼失敗而退縮的把自己關在房裡，妹妹們對他更是不屑與嘲諷：「是個男人嗎？享盡家裡全部的好處，受到最多的栽培，又怎樣？還不是懦夫。」

他知道妹妹們討厭他、恨他，因為爺爺奶奶只重視他，媽媽也聽話的把所有的重心都放在他身上，他背負著這個家族後代的榮辱，可是，他真的好累，好不想要這樣的關切與重視。

他不過只像是一個工具；證明這個家族優越於其他人的工具，證明他是出身好血統的工具。那如果他不能證明了，他還有什麼值得存在的呢？又該如何看待自己的存在呢？

耀名越想就越混亂，越想躲到一個沒有任何人存在的地方去。沒有人，就沒有評價；沒有人，就沒有比較；沒有人，就沒有競爭；沒有人，就沒有輸贏……

※　※　※

我們活在一個現實的世界。在這個現實的世界裡，每個成年人，都需要靠自己的努力付出，來獲取報償，以養活自己，也因此，人必須去證明他有多少的價值，來獲取多少的價格，讓這些價錢換取他生活的所需，建構他的生活樣貌。

不能否認的，許多社會都充斥著階層。越是所謂的低下階層，所要付出的勞力就越多，所賺的錢往往是「艱苦錢」，又流汗，又賣命換來的。

只要有能力的家庭，都希望自己的下一代不要太辛苦的過日子，不要流汗賣命後，卻只獲得棉薄的薪資，連把自己過好都很困難。

於是，努力的栽培著孩子的能力，讓孩子可以在這現實又競爭的社會，站立得穩，「贏在起跑點」。這些安排，就是大人口中所謂的「一切都是為你好」。在「一切都是為你好」的安排下，孩子是配合的工具，讓一切照著設定好的劇情演出。甚至假設了，只要孩子夠努力、夠精進、夠珍惜別人為他付出的，他就該功成名就，如大家對他的期待，不讓為他付出的人失望。

孩子像戰士

孩子，不是他自己。孩子，是家族的財產，也是一種取得更多社會資源，佔領社會高階層的工具。

被視為競爭工具的生命，就像不斷上戰場的戰士一樣，不斷的被激發奮戰的激素，那時候，他只為著某一個他人口中的任務、目標存在，不能感覺自己，也不該感覺自己。

感覺自己，只會令他煩躁，也會因為難以預料、難以控制的局面而焦慮、恐慌。他必須有目標，並且朝向目標，奮不顧身的前進。這是最令他感覺到安心的時刻；因為有目標努力，有任務執行，他可以迴避自己的感覺，可以不把自己視為「生命」對待。

然而，如果目標不可行了呢？如果這一場競爭中，他喪失了能力去執行，也喪失了資格去爭奪，那原本被設定好成為工具的人，他還值得存在？還值得獲得生存的保障及供應嗎？

這是我們許多人生命情境的寫照，好怕自己沒有能力，好怕自己不夠優秀，好怕自己不能站在前頭，證明自己的出類拔萃。於是，拚了命的，也要爭。拚了命的，也要努力把他人壓在腳下，拋在腦後。

以分數斷定自己的價值

我們好怕別人比我們更努力，我們怕自己的努力讓別人更努力，而把我們比下去。還記得嗎？過去，當我們是小孩子時，每逢考試比賽，相互問起準備的程度時，大家口是心非的說：「我還沒讀完」、「我都來不及準備」、「我都沒練習」，來掩藏自己好怕輸、好怕得不到好成績的焦慮。

但其實，我們在意著分數，在意著成績，在意著結果，也以分數及結果，來斷定自己的是否有價值。

在這一場「都是為你好」的局勢中，讓人自小就追逐外在的肯定、外在的掌聲、外在的評價，卻不知道如何肯定自己。當沒有外在的認可，外在的肯定及贊同，該怎麼確認自己的想法及感受？自己的感覺對嗎？自己的想法可以嗎？自己正常嗎？自己可以選擇嗎？

無法肯定自己，也不知道自己的價值是什麼，這是活在「都是為你好」環境中的孩子，最無助的感受。即使，很想證明自己，但摒除了那些熟悉的競賽，排除了分數及評價，他仍是不知道還有什麼可以來證明自己的存在「正當無誤」。

當孩子被圈養

他不認識自己，也從未從環境中得到回饋：關於他是誰、有什麼特質、有什麼獨特性、有什麼天賦。對自己一無所知的人，就只好順應著他人的安排、環境的設定。

「都是為你好」的安排，也是一種圈養，將孩子圈養在被保護好，也被設定好的「安全」裡；走一條最安全的路、過一種最安全的生活、認同一種最安全的生存方式……

但除非這被圈養的生命，徹底的失去自我意識，否則，當他一方面享受著安全的圈養時，也將一方面因為感知不到自己的獨特性，而漸漸的形成無生命氣息的傀儡人偶。無法體認自己是「生命」，又如何能建立自尊，發展穩健的自我呢？

快樂成為一種罪惡

恐懼失敗，恐懼自己犯錯，恐懼自己是不正確的，將會如影隨形的跟隨他。生命如果只活在害怕不夠好及不正確的框架中，他也必然感受不到愛。他的世界沒有寬容，沒有接納，沒有容許，沒有欣賞，也沒有無條件的支持。

這樣的生命，其實是很辛苦的。即使，站在所謂的人生「勝利組」，不是承受那種賺取勞力錢的辛苦，卻忍受著被無止盡恐懼（怕不如人、怕失敗的壓力）追殺著的辛苦。連一丁點快樂，都不允許發生，因為怕那一丁點的快樂，帶來懈怠，帶來退步，也帶來恥辱。快樂，成了奢侈品，也成了罪惡品。佈滿生命的，僅能是焦慮、不安，和恐懼的痛苦。

給受傷的小孩

親愛的小孩，我知道你追逐著人們肯定的辛苦。你倚著受肯定的讚許、掌聲、成績，來肯定自己生命的「正確」。你好害怕自己的生命被失望的感覺，好厭惡讓別人嘆氣搖頭的自己。

你喜歡被期待，因為被期待，代表你還有希望，可以獲得人們的接受，人們的認可。如果你被失望了，他們就會收回對你的付出，對你的關注，和給予你的肯定。那樣，你就什麼都沒有了，還會被唾棄、被排除。

你怕極了被排除的感覺，那像是在告訴你，你不夠資格和別人在一起；你不夠好及優秀，層級不高、資質不夠。大人一直要你注視著那些優秀的人，也讓你認為這個世界只有優秀的菁英配得存在。如果你什麼都不是，沒有頭銜、沒有名聲、沒有條件，競爭不過別人，那這世界也不供應你，只有排除你。

但是，親愛的小孩，那是上一代大人生存的方式，在人多貧窮的環境，競爭、獲取更多機會，爭出頭，才能佔有更多資源、更多生存保障。但是，現在的時代改變了，現在的時代，要你認識自己，懂自己的天賦，懂自己的獨特性。因為你，是獨一無二的你。這世界會因為有「你」，而有了不同，因為世界是與你互動的。而你，也將創造你經驗到的世界。

這世界很大，有許多角落，有許多領域，有許多空間，會有一個位置是屬於你。然而，這屬於你的位置，是來自於你對自己的認識、瞭解。一份來自你內心最真實、真誠的想望。不是來自於別人的左右、別人的觀點認為、別人的評價判斷。僅僅來自於你對自己的相信和認識；你相信自己要站在哪裡，你認識自己要成為什麼樣的一個人。

然而，在那之前，我們先好好的看看自己的心。曾經，你的心繃緊著，幾乎無法好好的呼吸，好好的喘氣。每樣訓練、每種要求、每項功課，馬不停蹄的衝向你，要你應付，要你承擔，要你交出理想的成績。你連一刻真正的感受、享受這些學習的樂趣都沒有過。有的只是焦慮與恐慌著自己的不夠好，自己好笨，自己怎麼也學不會。

親愛的小孩，你真的很努力，很努力。無論你的成績及結果如何，都不能抹滅你的努力。而重要的，真的不是結果或成績，因為那些結果或成績，經過了一些時日之後，其實沒有人會真的記得。但那些歷程，可以讓你記得的是——你的堅持、你的投入、你的嘗試、你的體驗。而這些，其實都是為了要讓你更認識自己，認識我們身上的天賦，也認識我們身上的限制。同時，認識在每種經驗中，自己起的反應，自己出現的情緒，和許多可能不加思索就出現的習性。

我邀請你，真的看見自己，認識自己，而不是只是認識了這世界的某種規則、某種生存的方法，而忘卻了，你，才是在這個世界上，最需要懂及瞭解的對象。

然後，我們能懂得給予自己肯定；真實的肯定。不是依據分數、條件、排行、成績、評價，是依據你對你自己付出生命努力、投入、認真、堅持，所想要達成的目標。那目標，由你自己設定，由你自己界定。而你會知道，你做到了嗎？做到的是什麼，還沒有做到的是什麼，之後要再繼續學習、練習的是什麼。

親愛的小孩，但願你慢慢感受到，也明白了，學習，不是為了競爭，不是為了光宗耀祖，也不是為了證明你值得家族對你的栽培。學習，是因為你要將你生命中與生俱來的能力，有了發揮，有了貢獻的地方，也回饋你生命意義的所在。這樣的學習，你做了你自己，也做了會讓你真實滿足的事。

從現在開始，我們可以解除過去被分數、被排名、被評價追著跑的日子。真正的為自己而學，真正的陪自己而學。不再因為是怕輸、怕無能、怕不如別人。是一種願意看見自己真實在學習中的喜樂。也相信自己是一個能夠在學習中，成為更好的自己的人。

四、乖巧聽話的傷痛

文靜望著流淚的媽媽，小小的心靈暗自許下的承諾：「我絕對不要再看見媽媽流淚，我不要她再這麼傷心。」

文靜，人如其名，文文靜靜。只要見到她的人，都可以感受到文靜散發出來的那份乖巧、懂事的特質。

文靜是家裡的長女，排行在她之後，還有兩位弟弟、兩位妹妹，但那是來自母親的兩段婚姻，所生下的孩子。只有她和大弟是媽媽前一段婚姻的。

父親在她五歲時，車禍意外過世，三年後，母親帶著她，和小她四歲的大弟，嫁給了繼父。

文靜，在原本的家庭中，被父母親疼愛著、照顧著。特別是父親，對文靜更是呵護有加，總是溫柔的照顧著文靜。文靜也總是安安靜靜的在父親的懷抱中依偎著、撒嬌著。但父親突然的車禍意外，讓文靜的家破碎。

媽媽在爸爸靈堂前的痛哭失聲，在她的腦海裡，揮之不去。

她不知道究竟這影響了她什麼，但她隱約中有個感覺，她知道自己沒有權利再當小孩。

望著流淚的媽媽，小小的心靈暗自許下的承諾：「我絕對不要再看見媽媽流淚，我不要她再這麼傷心。」

之後的文靜，即使還是一個小孩，但是，只要她能做的家事，能減輕媽媽的辛苦的事，她都自動自發的擔下來。

偶爾，媽媽情緒不好，說話口氣不耐煩，文靜就苦思著：「是不是我沒有做好什麼？是不是我惹媽媽不高興了？」

她關切媽媽的情緒，全神關注的注視著媽媽。

她已經失去了爸爸，不要再失去媽媽。特別是，媽媽常常告訴她：「你不乖，新爸爸不會喜歡你。你不聽話，就不能和我住在一起。」這讓她增加更多會失去媽媽的恐懼，更是總是告訴自己：「要聽話，要乖。」

後來，媽媽因為再和繼父生下了弟弟和妹妹，經濟十分艱辛。最小妹妹出生時，她已國小畢業，在媽媽和繼父為了沒錢讓文靜去畢業旅行而大吵之後，文靜就在上中學後，開始放學去加工廠打零工的日子。

隨著弟弟妹妹長大，家裡的開銷越來越多，文靜常看到媽媽為錢而苦的愁容，她總是怪自己不能再快一點長大，好讓自己可以賺更多錢，來幫媽媽的忙。

即使，她已經犧牲了課業，也犧牲了休閒時間，但賺取的錢，總來不及填補家裡要支付的開銷。

她的生命，從來沒有一刻想過自己。沒有想過自己需要什麼，沒有想過自己渴望什麼，也沒有想過自己的生命究竟要實現什麼。

她只要能看見媽媽就好，她要媽媽平平安安，她要媽媽的生命能越來越快樂。只要媽媽對她說：「乖，你最聽話。」她寧可沒有自己的人生都不要緊，只要媽媽能快樂。

即使後來，高職畢業後，媽媽要她趕緊工作賺錢，甚至在她二十歲時就要她嫁人，因為急需那筆結婚聘金來供給二弟讀私校的學費，文靜也是聽話的嫁了。

即使，她在嫁人後，仍是努力的工作，想要拿錢回家給媽媽，卻發現很多錢，都是被繼父交際應酬喝掉了。她還是不忍心放下媽媽，努力賺錢，讓媽媽有錢可以安心。

她安安靜靜的守候在媽媽身邊。安安靜靜的陪伴著媽媽。即使，媽媽的關注鮮少在她身上，也很少關心她過得如何，日子辛不辛苦，但她想，只要媽媽沒事，能好好的活著就好，她可以不問自己的辛苦。

但是，隨著弟弟妹妹一個個大學畢業，甚至碩士畢業，開始有著教職、公務員頭銜後，媽媽幾乎沒有對外提過她。

好幾次，當她出現在家中，家裡有其他人拜訪，媽媽都要她待在廚房，不想讓只有高職畢業的她出現在家裡讓人問起。

文靜開始聽著媽媽驕傲的談著弟弟妹妹，說著他們的成就，他們的頭銜，他們的高薪，文靜開始感到自卑，同時不知道自己究竟是誰，當自己的生命無法再回頭，當那些青春歲月都不再了，當自己的人生無法再有一次選擇時，自己怎麼可能有機會成為媽媽口中稱許及喜愛的孩子？

那些默默無聲，不敢訴說辛苦，也不敢問自己想要什麼的日子；那些要成為媽媽口中的乖孩子、好孩子的歲月，真的被媽媽所在乎嗎？真的讓媽媽知道自己這麼盡全力的在愛她嗎？她疑惑著：「如果媽媽知道我是這麼努力、這麼盡力的愛著她，為什麼現在，媽媽的眼中卻不再有我了？」

※　※　※

乖巧聽話的孩子，其實是好在乎父母的孩子。他們對於父母的情緒敏感，更常收進父母親的苦及痛在他們心中。

乖巧聽話的孩子，也是好害怕愛消失的孩子。他們讓自己聽話、貼心，成為最親近父母親身邊的那個小孩。他們默默的守候，靜靜的幫忙，扶持著父母親。只要能為父母親多承擔一些，只要能讓他心中最在乎的父母親少些煩憂，他都願意讓自己承擔。

但也因為如此，他們順應著父母親的各種需求，從來沒有想過說「不」。他們順理成章的聽著父母親的安排及指令，只要父母親認為是「好」的，他就相信那是好。

父母親也將乖巧聽話的孩子所表現出的體貼及乖順，視為理所當然。彷彿這樣的孩子就是父母親的附屬品，隨著父母親的呼吸而起伏，也隨著父母親的腳步而移動。父母親享受身邊有這樣的一個孩子，任其要求、索取，無論是物質或情感。有這樣的一個孩子，哪一位父母會拒絕？會排斥？會覺得不好？

這或許也是乖巧體貼的孩子，最不希望發生的事。他們不要被父母親排除，害怕被父母親厭惡，更恐懼父母親因為生氣、哀傷、厭煩、痛苦，而不要他們了，所以，讓自己盡力的符合及滿足父母親所要的。

然而，乖巧聽話的小孩，沒有被父母親真實的看見他的存在。父母親太習慣他們的聽話、乖順，幾乎不會聽到他們一點兒自己的想法、意見或感受。乖巧聽話的小孩，也因此看不見自己。要他們感受自己的存在，問問自己的心，懂自己的需要及感受，他們會充滿疑惑的說：「怎麼開始？怎麼做？」

「聽話」的孩子，感受不到自己

在他的世界裡，沒有「自己」的存在。他的存在，是為了因應他所在乎的人的需要。別人沒有問過他的感覺、想法，要或不要。他也沒問過自己。

乖巧懂事的小孩不知道，有一天，他的世界會天崩地裂，當他的乖巧懂事，並不能確保他與所愛的父母親永不分離，他依然感受到被排除了的痛苦，被忽略的哀傷，被視而不見、不聞不問的落寞。那一刻，他的痛苦，排山倒海而來。

當他所在乎、所愛的人將他隔離，不再讓他依附在左右，也不再視他為不可或缺的一部分時，他的痛苦，不僅啃食著他的心靈，也粉碎了他的世界。

心裡滿是恐懼

「我是誰？我擁有什麼？我該怎麼辦？」乖巧懂事的小孩，慌張得不知該如何是好。

在乖巧聽話的孩子的內心世界，充斥著滿滿的恐懼。

恐懼被遺棄：「你不乖，我就不要你。」

恐懼著握有「愛你或不愛你」大權的人會不愛他：「你不聽話，我不愛你。」

恐懼著那些責罵：「你不乖，你不聽話，為什麼我要對你好？為什麼要養你？」

於是，乖巧懂事的孩子努力、認真、拚命的要達成父母親要他做到的事。不論是什麼任務，不管要冒著什麼風險及後果，他都不為自己著想。他將父母親說的「不可以自私」刻在心頭上，他要做一個不自私的孩子，因為自私，就會成了壞孩子，讓父母討厭及拒絕。

成為被犧牲的對象

可是，父母親真的因為孩子的貼心、乖順及聽話，而給予孩子更多的看見及肯定嗎？父母親，對於不會為自己說不的孩子，只有更多的要求。當有不足及缺乏時，這個孩子就成了可以要求及犧牲的對象。

乖巧聽話的孩子，那個被說「懂事」的孩子，其實只是因為太愛父母，也太需要父母。他將父母親的事，放在心上，成為他的事。他懂父母親的苦，懂父母親的難，懂父母親的需要。卻沒有人，懂他的苦、他的難及需要。

可是，乖巧懂事的小孩，除非「自我」覺醒。知道他自己也是一個獨立存在的個體，有感覺，有想法，有行動的自由，有選擇的權利。如果他不敢做自己，也不相信若失去父母的愛及需要後，他不會落入孤寂、無助及沒人要的可憐絕境，他就會繼續讓自己乖巧聽話。他會等待，等待父母親看見他，知道他的好及忠心。

如果，你懂了乖巧聽話孩子的內心世界，你怎能不為他們流下哀傷及心疼的淚？他們給出大量的自己，給到完全失去自己，也不知道為自己喊一聲「痛啊！」

「累啊！」「我不行！」再多的失衡、誤解及要求，也沒有讓他們停止要「繼續懂事」。

正因為他們的無聲，默默承受。乖巧聽話的孩子，他的傷，沒有人真的看見，真正的去懂。

給受傷的小孩

親愛的小孩，其實你的心好痛，好害怕，好擔憂。你不知道自己是不是夠好，足以讓他們永遠的不要遺棄你。

你總是害怕著被不要。在你心裡的陰影，揮之不去的聲音說著：「你不乖，不聽話，就把你趕出去。」「你再不聽話，我就丟掉你。」即使害怕得大哭，要一個安撫，也沒用。你只會被甩開、推倒，或是被大聲斥令：「你還不乖？還不聽話？」

你必須馬上的收起哭聲，擦乾眼淚，認真的聽著大人告訴你的指令。你努力的告訴自己：「不可以哭，不可以不聽話，不可以做錯事，不然我就會被丟掉。

沒有人會愛我了，爸爸媽媽會生氣的丟掉我。」

於是，你乖乖的，聽話的，當他們的小孩。你不敢想像，失去他們以後，你能怎麼辦？他們若真的不要你，不讓你做他們的孩子了，你能去哪裡？

親愛的小孩，我知道你只是想要一份不會改變的愛，不會消失的愛。曾經，愛，消失了，讓你驚嚇不已，也使你經歷到失去的感覺，是多麼的傷心，多麼的無助。

那種感覺，你好害怕再經歷一次。於是，你用全力守候，用全力保護，用了你生命的全部，只想牢牢的、緊緊的跟著你所愛的對象——你的爸爸、你的媽媽。如果沒有了他們，你不知道自己為何要存在了。失去了他們，你就真的是一個在這世界上，沒有人會在乎的可憐小孩。所以，即使不公平，即使會感覺到委屈或辛苦，你都要自己承受、承擔。

你真的是一個好小孩，你知道嗎？你善解人意，忠心，不忍心看人受苦，所以常常去為別人承擔他們所拋出來的壓力，和各種需要。你照顧著所有人，希望他們能因為你的乖巧懂事而過得好。

但是，親愛的小孩，因為你一直關注著別人的傷、別人的痛、別人的苦，以至於你看不見自己內心，也有著大大小小的傷。你不看自己，就不會注意到自己有多痛。你不要感覺這些痛，這樣你就不會感覺到氣憤、委屈、不平，和難過。

你把這些感覺都壓著，壓在你的身體裡，壓在你的內心深處。所以你身體會有很多不舒服，你的胃常常疼痛，因為胃藏著好多抗議、好多生氣，也被你吞進去了好多委屈和傷心。

親愛的小孩，我知道你的心靈有好深好深的害怕。你怕如果你是自己，真正的自己，這個自己會不會被討厭，被不喜歡？其實，你心裡也不敢喜歡自己。甚至，還有點厭惡自己。你厭惡自己不夠聰明、不夠好、不夠有能力、不夠強大、不夠優秀……所以，你只能靠聽話、乖巧，來讓大人滿意。至少，他們還會因為你聽話乖巧，而對你有點誇讚。如果你連乖巧、聽話都沒有了，那麼，你可能一無是處，別人就真的不要你了。

親愛的小孩，你看見了嗎？你心裡感受到的愛，原來是這麼「有條件」的。要聰明、要優秀、要勤勞、要有能力、要精明、要漂亮、要美麗……要有這，要有那，才是有資格可以被愛、被喜歡的。如果，什麼都沒有值得被稱讚，那你要自己，至少努力的聽話，讓別人高興，讓別人滿意。

你看到了嗎？你對自己能被愛，是不確定的。你不敢相信，會有人無條件愛你。無論你是什麼樣的一個人，單單只因為你存在，你就能被深深的愛著，不離不棄。

親愛的小孩，我們要一起擁抱你那好害怕的心。你的心嚇壞了。在滿是評價、要求、指責、命令的環境裡，你應付著、承受著。你真的好害怕被不要，被丟掉。

讓我們深深的擁抱住自己，好嗎？告訴我們嚇壞了的心：「我不會丟掉你。你有我，別怕。我會一直陪著你。無條件的好好愛著你。」我們可以擁抱自己，擁有自己，成為對自己不離不棄的那個人。

我知道，你關注著你所愛的大人，試著讓他們愛你，好避免讓自己什麼都沒有了。我知道他們對你好重要。幾乎是你生命的全部。但是，其實你沒有看見，你自己是多麼有能力去照顧他們，照顧他們的需要，照顧他們的感受，照顧他們的煩憂。讓你照顧他們的能力，也能來好好的照顧自己，這是你值得領受，也需要的關愛。

對自己好、懂得自己的好、照顧好自己，這些都不是自私。這是一份對自己生命的肯定，也是以愛回應自己生命的存在。過去的大人，或許不懂對生命的愛及肯定，所以他們用錯了方式來對待你。他們也不懂什麼是無條件的接納生命，無條件的愛你，所以他們威脅、恐嚇，要你不要成為麻煩、累贅、問題。他們沒有真正的認識你，看見你，其實你真的很願意愛他們，很願意守護他們，更是好需要他們。

如今，我們或許還有機會讓他們知道，也許沒有機會了。但無論如何，請你都先好好的看見自己。給予自己內心最渴望的安心，也給予自己最堅定的保證：「我會一直愛你，永不離棄你。無論處在什麼境遇中，我都與你同在，一同經歷，也一同面對。」

不再將別人的愛高舉，而讓自己在乞求中，卑微。還給自己應有的尊嚴，也還給自己生命，活著的自由——自由感受、自由體會、自由選擇、自由決定。自由，成為你自己。

五、「你不重要」的傷痛

從小到大的記憶，很多時候，當全家外出，美育常常是落單的那個。美育常常想：「這個家需要我嗎？」「我對他們重要嗎？」「他們真的在乎我這個小孩嗎？」

美育是家裡的老二，上有一個姊姊，下有一個弟弟。這樣的排行，讓她從小就被忽略。就「女兒」來說，這個家已經先擁有了大姊這個女孩，所有對「女兒」的關注及寵愛，全都投注在大姊身上。大姊所有的擁有物全是新的，她只能接收大姊所用過的東西，無論是玩具、文具、衣服、制服，甚至書桌及課本。

她的生命，注定了就只能跟在大姊的生命軌道之後。在所有人都驚喜於大姊的成長；讀小學了，小學畢業了，上國中了，國中畢業了，上高中了，高中畢業了，上大學了……每個成長過程的階段，大姊就像領航員，引領著大家充滿驚喜的關注及參與。而輪到她時，大家似乎多了一件麻煩事一樣，總是出現不耐煩的反應，或隨便應付的態度。

甚至家長會、畢業典禮，父母親也不再像參加大姊的學校活動一樣熱衷。父母甚至還常常推說自己忙，要對方去參加。有些時候，甚至沒有任何人出現，參與美育的學校活動。

美育要自己別介意，就像媽媽說的，大人都好忙，參加過姊姊的就很不容易了，還要再參加她的，真是挺麻煩的。美育有時候會默默在心中告訴自己：「誰叫我是老二，第二個女兒呢？第二個女兒，根本就不重要。」

但是，情況到了弟弟身上，又不太一樣了。弟弟是這個家中，「唯一」的兒子。這個家唯一的男孩子，享有的資源更是不得了，所有新鮮的、好玩的、酷炫的，爸爸媽媽都會買給弟弟，只要弟弟說，他想要。

而弟弟從很小開始，媽媽就不怕麻煩的到處送他去上課，學才藝。心算、數理先修班、開發右腦……琳琅滿目，只要媽媽看到，對爸爸說：「這對博育好。」媽媽就會要爸爸一起負責接送弟弟上下課，無論多晚或多忙，爸爸就只能答應。

從小到大的記憶，很多時候，當全家外出，美育常常是落單的那個。大姊和媽媽總有說不完的話，黏密的勾著手走路，而爸爸總是負責抱弟弟、牽弟弟，保護弟弟的安全。她，就只好自己走自己的。偶爾，自己落後了，沒跟上他們，他們也好像沒發現似的，自顧自的走著。

美育常常想：「這個家需要我嗎？」「我對他們重要嗎？」「他們真的在乎我這個小孩嗎？」

就連有時候，全家一起在客廳聊天，她說出自己的想法時，不是好像沒有人聽到，不然就是聽到後，對她說：「你懂什麼？插什麼嘴？」或是，在她思考著自己的生涯選擇及決定時，媽媽也是對她說：「去問你大姊，聽你大姊的就沒錯。她比你聰明，比你懂的多太多。」

美育其實很沮喪，也很洩氣。在這個家，沒有人真的看見她、認識她，而她喜歡什麼、重視什麼、煩惱什麼、面對什麼、開心什麼、遭遇什麼，這個家沒有人問過、好奇過、聆聽過。在這個家，她就只是無聲的人偶，讓大家把她擺放在他們認為的位置，卻不是真正的知道她想要在什麼位置。

又感覺自己像個影子，沒有真實的形體，所以沒有人看見她、聽見她、想起她。

但她其實好愛她的家人，渴望與她的家人有真實的連結，更想用自己的力量，保護這個家。但她不知道，究竟她要怎麼做，才能證明她的存在。究竟她要以多少努力，才能真的讓爸爸媽媽看見她，肯定有她這個女兒是值得的。

她不帶麻煩回家，總是報喜不報憂。即使家人對她所說的喜事，其實也是漠不關心，她還是試著默默承擔自己，面對著自己生活的困難及挑戰。她不敢奢望爸媽會留下什麼是屬於她的，她知道所有生存的需要都只能靠自己。她確實也因此在外學習了許多，經歷了許多，有了自己生存的方法。

可是，即使在外她懂了生存，也慢慢有了自己生命發揮的天地，在她內心深處，那難以承認及觸摸的傷仍是隱隱作痛——我的家人愛我嗎？我對他們來說，重要嗎？

※　※　※

被漠視、忽略，是一種很深層的傷。像是在告訴你：「你一無是處，沒什麼值得存在。」

在無數次的經驗中，沒有什麼能引起你在乎的人，對你的重視，也沒有什麼能讓他們，真正看見你的存在。你，只是他們的影子，跟隨他們，卻沒有自己的形體及面貌。

孩子所承受的精神痛苦

我們都渴望自己對爸媽來說，是重要的。能被寶貝，被疼愛。我們渴望從父母親的眼神中，搜尋到關注，連結到愛意，這會讓我們感受到一個「好」的自己。

相反的，若我們怎麼搜尋，試圖連結，得到的卻是父母親移開的視線，冷淡的面容，及毫無情感的回應，甚至是恥笑般看待我們的存在，我們必會感覺失落、失望，及沮喪。

我們無法不去和父母親連結。在父母親與孩子之間，形成的是關乎生存需求的依戀關係。這份關係，提供給孩子許多安定情緒的需求。包括安全感、信任感、親密感。還有諸如：被重視、被關注、被接納、被保護、被照顧、被愛，等等的正向情感經驗。

當依戀需求落空、缺乏，或是阻斷時，個體便會產生衝擊、動盪、不安，經歷強烈的痛苦。這種精神上的痛苦，沒有可以安心依靠的對象，將易使個體處在憂鬱、無助的情緒中，甚至感覺自己的生命不該存在，不值得存在。

孩子內心的衝突

當生命一直接收到「你不重要」的訊息，或是你是「多餘的」訊息，那無疑會剝奪掉個體的存在感。這也將影響個體知覺自己的主體感，不敢賦予自己存在的相關權利；可以有自己的思想，可以有自己的感受，可以有自己的選擇和行動的自主。

關於存在（身為一個人）的權利，因為反覆被剝奪，久而久之，個體對於自己的想法、感受、行動的選擇，也會難以建立自信，無法形成穩定的自我概念。並且無法賦權給自己，彷彿自己本來就應當沒有任何權利。

被視為「不重要」的孩子，長期受忽略、漠視的孩子，他們必須解決內在的一種衝突及糾結，那就是必須回答他們內心的疑問：「究竟是因為我不好（我是壞的），所以你們不愛我？還是因為你們不好（是壞的），所以你們傷害我？」

這種衝突，往往難以找到一種平衡的解答，所以會在這兩種答案中擺盪，並且長期的糾結：「是我不好？還是你不好？」

但其實這兩種解答，都無法帶給受到這樣傷害的孩子，一份內心的平靜安穩。他們在這兩種歸因裡，都是受苦的。

孩子不敢追求自己想要的人生

指責外界（應該要給愛的父母）為不好，並無法讓他們割捨這一份愛的渴望和需要。將父母親視為可惡，憎恨他們不斷給予傷害，但是卻無法終止內心，仍在等待父母親的改變，可以真正的看見他的存在、肯定他的存在。就因為這一份「渴望及需要」難以消除，他們雖然怪罪父母的忽略及殘酷，卻仍是無法離開這樣的傷害。

若是歸因於「我不好，所以得不到關愛」，這樣的指責，更是讓個體內在一直處於一種風暴中，不斷的侵襲自己，破壞自我的形成。自我，一旦混亂，便無法建構穩定內在的系統，內在會不停的經歷到自我的矛盾、衝突、對立，反覆拉扯，不得安寧。

這種外在、內在都持續在一種戰爭中的處境，是持續性的耗損。內在，也因為這樣的耗損，而更顯得空洞、空虛。愛的經驗，始終建立不起來，無法深化存留於個體內在。

即使，身上其實具有許多能力，也極具才華及天賦，但「我不重要」的存在感，將使他不敢去真實的追求自己想要的人生，不相信自己身上具有實現自我的能力。內心因為「我不重要」的傷痛，而充滿心酸、委屈，和卑微。覺得自己不配，或沒有資格，得到自己想要的、渴望的。

而當他眼見他人可能沒有費什麼力，也沒有特別付出什麼，就能理所當然的獲得，他渴望已久的肯定及重視時，心中的體會更是複雜，羨慕、嫉妒，挫折引發的憤怒，都可能交錯出現，沮喪、無奈、自卑、失落，更是如颶風海嘯席捲而來。

孩子哭喊：「為什麼不愛我？」

漠視孩子的存在，無視孩子需要肯定的需求，就像是在孩子的胸口上開了一把槍，讓他們不僅疼痛，還無法實實在在的體認自己的存在。總是心虛，總是覺得自己一無是處，什麼都沒有，是十分艱辛的成長歷程。

能真實的重視自己、在乎自己、肯定自己、愛自己，這是不受重視的孩子，一生在搏鬥的挑戰，也是終極在學習的課題。

有誰希望自己不重要？有誰希望被忽略？

受忽略及輕視，是可以在人的心中，播下怨恨的種子。多少的家庭，都有著受忽略及被漠視的孩子，所引發的手足對立及衝突，在每一代間發生。當孩子哭喊著爸爸媽媽的偏心時，他內心在哭喊的話是：「為什麼不愛我？」

而即使有些孩子已經如此直接的問了父母親：「為什麼你看不見我？為什麼你就不能肯定我？為什麼你就不能對我公平一點？為什麼你就不能愛我？」

仍有不少的父母親，帶著輕蔑及藐視，對著孩子說：「哼，你有什麼值得被肯定？你有什麼拿得出來，值得人稱讚？」

話至如此，孩子怎能不受傷呢？又有什麼勇氣及信心，相信自己值得被愛呢？

給受傷的小孩

親愛的小孩，我知道你內心，被那滿滿的失落及傷心佔據。你真的不懂、不明白，為什麼在家裡，你總是承受著輕視、忽略，及漠視？好像你並不是這個家的孩子，好像你是外人，沒有理由對你好。

而即使是一個外人，爸爸媽媽都對待他，比對你好。

你是真的疑惑，不懂，不明白，究竟你身上有著什麼記號，又或是你注定得不到父母親的緣，注定要在這世上，孤獨的靠自己一人長大。

你努力的奮鬥，努力的求表現，期望受到父母親的看見，肯定你是一個好孩子，也肯定他們有你，真是美好、榮耀的事。但是，一年一年過去，你一年一年長大，歷經無數的奮鬥、掙扎、努力，不斷的讓自己有成就、有能力，你以為這樣就能被看見，被肯定，讓父母親為過去的輕視、輕蔑及不以為然道歉。讓他們可以知道，身為他們的孩子，你夠資格，得到他們的重視及愛。

親愛的孩子，我知道你為此付出很大的代價，也背負父母親永遠不瞭解的辛苦。你帶著這一份存在的傷痛，仍是努力不懈的賣力。你認為，如果你那麼努力了，那麼堅強了，都還得不到他們的肯定及關注，那不夠努力，不夠堅強，就更會被他們唾棄，被他們嫌惡，視你為一個廢人，一個根本不該存在的孩子。

你好害怕這樣的否定，也好傷心這樣的否定。為什麼你的爸爸媽媽就是無法真的在乎你？重視你？你要的其實不多，只要他們知道你真的存在，也看見你真的用心的在當他們的小孩，他們只要認可你的存在，是美好，告訴你：「你真的夠好，是個好孩子。」這一切的辛苦，及付出，你都不覺得是什麼了。

然而，就是沒辦法。你又不想承認自己真的沒辦法，得不到。於是，你糾結，糾纏在愛恨恩仇的情緒海中。你想告訴自己，無論如何，他們都是你父母親，你本應當做一個好孩子，但是想起他們的忽視，在口語及表情中對你的輕蔑，你因為心裡好痛，而不免的埋怨、嘀咕他們的辜負，和他們的錯待。

親愛的小孩，我當然知道，沒有一個孩子不渴望大人的愛。沒有一個孩子，可以在缺愛、無愛的情況下，感覺到自己生命的豐足及美好。我也知道，沒有一個小孩，可以被不在乎及漠視，還能快樂開心的長大。

孩子，都需要愛。孩子，都需要父母親可以肯定他們是好的、被重視及肯定的。這是，恆常不變的真理。但是，孩子，我也希望你能試著理解，愛，是一種能力，愛，也是一種認知。大人們對愛的認知，可能是偏執的，也可能帶著他們自己的成長經驗，投射在孩子身上。他們在孩子身上，看見自己喜歡自己的部分也在孩子身上時，他們愛、靠近、欣喜、讚美。當他們看見自己不喜歡自己的部分在孩子身上時，他們厭惡、攻擊、無視、羞辱。

這不是孩子究竟做對什麼，或是沒做對什麼的問題。孩子，這是無辜的，不是你該承受的「原罪」。你難以清楚的知道，父母親究竟是不喜歡你的性別、不喜歡你的個性、不喜歡你的面貌、不喜歡你的體態、不喜歡你的思維、不喜歡你的行為，還是不喜歡你的情感。

而這些不喜歡，有著過去他漫長人生經歷，累積下來的價值觀、傷痛的遭遇、悲傷的命運，甚至有著他無法修通接納的自我。他投映在孩子身上，以他的價值觀，單一而偏執的認定什麼是好，什麼是不好。

這些都不是你的錯，也不是你的問題。這是父母親對愛的體認，過於狹隘、有限，也充滿著條件。他們活在充滿評價、優劣、好壞對立的環境中，或在階層角色的框架中，用一個人的外在、頭銜、樣貌、條件、地位，來決定要把一個人放在他眼裡，或是對一個人，不屑一顧。

這些都不是因為你做錯什麼，也不是你該承擔的。遺憾的是，這樣的遭遇及對待，發生在你身上。

親愛的孩子，我知道你愛他們，所以渴望他們回應你的愛，也好好的愛你。因為你在乎他們，因此也需要他們的在乎。如果他們沒回應，表現出不在乎，你的心，會因為失衡而搖晃、擺盪。你因此不敢肯定自己的存在，是正當的。也無法在關係中，感受到滋養、支持，及接納。當然也失去了歸屬感。

親愛的小孩，我無法告訴你不要在乎他們，重視他們。因為這是你愛的本能，愛的意願。如果你不愛了，不在乎了，或許，真的就沒有什麼可以讓你有存在的理由了。

但是，親愛的小孩，我還是想讓你知道，你的好，你的良善，你的努力，我都看見了。你堅持下來，承擔住自己，在他人漠不關心的反應中，你努力的走著生命的軌道，奮鬥堅毅。你沒有一刻停下來，為你失落的情感，哀悼，默哀。沒有一刻，真的敢回看你傷痕累累的心，看見自己的破碎。

我們可以停下來，回頭看看自己，給自己一份有尊嚴的關注。你，是你，獨特的你。你的存在，宇宙給你屬於你的位置，這不是他人可以剝奪，及輕視的。也許，在世上的父母親，不懂如何回應你的存在。但宇宙的愛，仍要將愛，進駐在你的心靈，讓你經驗到，超越父母之愛之外，愛，仍是存在。愛，仍是有可能。

而這愛的經驗，我們仍然先願意給自己。即使父母親仍是不懂，你的在乎及付出。即使，他們仍是無法鬆解他們充滿評價的生命態度。這都不能徹底剝奪你，擁有愛的能力，也不再能綑綁你，跌落在缺乏及虛空中，不得翻身。

還給自己經驗愛、感受愛的權利，也允許自己是一個有權利活得美好的生命。你的生命，不需要他們來定義好壞了。將你的生命，交於自己手中。你不再為他們努力，而是真實的，尋找自己想要的生命風景，為自己出征，為自己實現。

六、仇恨的傷痛

又珍好怕媽媽說的都是真的，她們是沒人愛的小孩，是被嫌棄與拒絕的。她們被不要了，如果媽媽也不要她們，那她們會無家可歸，會成了可憐蟲。

又珍是家裡的老么，上有兩個姊姊。又珍的父母親，在她五歲那年離婚了，離婚的原因是爸爸外遇不斷。而在又珍出生不久，爸爸在外面的女人，生下了一個兒子。外面的女人，帶著兒子，大剌剌的出現在祖父母家。祖母甚至用心的為那個女人坐月子，及小心呵護、照顧著那孫子。

又珍的媽媽，感覺深受羞辱，憤恨的帶著她們三個姊妹，返回娘家。這一離開，不僅讓祖母指責媽媽不懂事，不是一個寬容的女人，人家為家族傳宗接代，生下了兒子，不只不感謝，還拋下婆家不管，還不斷的告訴街坊鄰居，又珍的媽媽在婆家姿態擺得高，都已經生不出兒子了，還驕傲的以為自己了不起。

不曉得為什麼，祖母說的難聽話，就是能傳到媽媽耳中。媽媽總是在聽到後，痛哭失聲，憤恨的抓起她們姊妹三人就打。每次痛打她們姊妹三人時，大姊都不哭，面無表情。二姊則是能躲就躲，甩開媽媽後就跑，而她就只是楞在原地，一邊挨打，一邊大哭。

又珍總能聽見媽媽邊打她們，邊罵著說：「你們不要怪我打你們，要怪就怪你們的奶奶，你們那花心的爸爸。你們跟我一樣，都不被愛，生下來是女生，就是活該被嫌棄、被忽略。」甚至媽媽打她們，打得歇斯底里，又叫又哭的對她們喊：「你們這些下賤的東西。下賤，下賤，讓我沒有面子，沒有地位，不能站得住腳。」

又珍記不得究竟吵鬧了多少年，媽媽和爸爸，終於辦完手續，離婚了。

但離婚後的媽媽，沒有因此得到平靜，也沒有覺得自己的人生有嶄新的開始。媽媽仍是常常充滿仇恨的破口大罵，罵爸爸再婚的那個女人，會不得好死，將來也會被爸爸拋棄，也罵祖母，寵溺兒子花天酒地，在外亂搞女人，還把野種帶回家，根本就是個失敗的母親，害死別人。

然後，抓著她們姊妹說：「你們要記得，今天我們無家可歸，今天我們過得這麼辛苦、狼狽，就是你們那可惡的爸爸害的。你們的爸爸不愛你們，你們的阿公阿嬤不愛你們，你們是沒人要的。要不是你們還有我，你們現在都在孤兒院。你們若敢不聽我的話，你們若敢想念爸爸、阿公、阿嬤，你們就死定了。我不會原諒你們。」

又珍每當聽媽媽這樣大聲咆哮，心裡總是恐懼。她好怕媽媽說的都是真的，她們是沒人愛的小孩，是被嫌棄與拒絕的。她們被不要了，如果媽媽也不要她們，那她們會無家可歸，會成了可憐蟲。

除了那重到化不開來的恐懼之外，外婆也不斷的告訴三姊妹，祖父母是如何的欺人太甚，狗眼看人低，從來沒有對媽媽好言好語。從媽媽嫁過去之後，就把媽媽當下等人使喚，沒把媽媽當人看。

有時候，外婆還會流下心疼的眼淚，讓又珍真的有些同情媽媽，覺得媽媽真的好可憐、好委屈。如果是這樣，祖父母他們真的太過分了，欺負媽媽，欺負她們姊妹，她們根本沒有做錯什麼，這一切一定是因為祖父母是壞人。

隨著又珍長大，這些怨恨及仇視，並沒有減少。當媽媽又對她們出氣，指責她們的課業表現、成績，讓她無法在外人面前抬得起頭來，也讓祖父母家看衰她一個女人教不出優秀孩子，而對她們又是一陣羞辱、恐嚇時，又珍也開始累積對自己命運的憎恨；為什麼她要過這種日子？為什麼她不能像同年齡的同學一樣，無憂無慮，整天嘻嘻哈哈？她不得不怪罪祖母，怪罪爸爸，怪罪這個不公平，又充滿殘酷的世界。爸爸可惡，祖母可惡，這些可惡的人，她不會原諒他們。

她不停憤恨的想，有一天，當她有能力，她一定要把他們虧欠媽媽，虧欠她們姊妹的，都要回來。

※　※　※

有什麼比仇恨，更能毀滅孩子單純天真的性靈呢？

從孩子懵懂無知時，即灌輸了孩子怨念，要孩子懷抱仇恨，以憎恨另一個人，作他生命的核心。孩子的心靈空間，注定離愛的經驗遙遠。他的內在被仇恨佔據，隨著仇恨，他也必然經驗到羞恥、不安、恐懼、無助。

仇恨，是一種強烈的情緒，這樣的恨意，將帶給孩子一個殘酷冷血的世界。他必須從幼年開始，為了因應這殘酷冷血的世界，強迫的把自己變為殘酷冷血。如此，才能在與仇家（恨的對象）相會時，不僅能傷害、攻擊對方，也防止自己情感再受傷害的可能。

仇恨，是一種絕對的偏執。一切都是對立。如果我是對的，你一定是錯的；如果我是好的，你一定是壞的；如果我是被害的，你一定是加害的；如果我是弱小的，你一定是強勢霸道的。

這種絕對的對立，一分為二的觀念，將使孩子的世界，成了極端對立的世界。這世界，和平將不存在。和諧共容也不存在。善及惡，在他的心裡，不是共存，而是勢不兩立的敵對，應該將對方消滅。那些牴觸他的、傷害他的、剝奪他的，都是惡的一方，都是該攻擊、報復、驅離的。

孩子無法學習尊重和理解

孩子，因此無法經驗到尊重，也無法學習理解。尊重和理解，根本不重要，而是從上而下傳遞下來的仇恨，才是他生命要牢牢記住的羞辱，而這一份記住，象徵的是，孩子的忠誠。這表示孩子是與受苦、受害一方站在一起。即使他疑惑，不確定，也沒有能力真的知道來龍去脈，但太害怕遭遇遺棄，太害怕被指責，所以，他絕對不能背叛。

而仇恨，往往脫離不了悲情。因為有被傷害及剝奪，才有了受害心理。受害者內心壓抑的是，滿滿的哀傷及失落。但哀傷，被視為脆弱的表現，是無能的反應，因此，拒絕經驗真實的哀傷者，會以強大的怨恨（具有生氣原始情緒本質的一種次級情緒），來掩藏其無助的哀傷感受。以具有攻擊特性的怨恨，來作為自我防衛方式，防止他人的再傷害、再侵犯，也讓人無法瞧見他心底的脆弱。

孩子內心的衝突及對立

所以，仇恨是一種防衛機制所引發的情緒。當仇恨發生時，藉此迴避了回看自己有所不好之處，及需要承擔的責任。錯，將會被完全歸咎於對方，如此可以保護自己的自我概念——「我不是不好的、我沒有錯、我是無辜的、我是對的那一方、我是好的。」於是，他不需要經驗到「不好」的自己，造成錯誤的、傷害的，是外在環境導致。他個體不需要承擔任何的「問題」及「過錯」。

如果灌輸仇恨，及給孩子仇恨情感的是大人，且是雙方的大人，同時在孩子面前相互指控，要求孩子一起憎惡對方，那麼，孩子要經歷多大的衝突及對立？不僅外在是殺戮戰場，內在，也將是難以休兵的戰亂空間。

孩子無法學會愛

孩子的精神狀態，要怎麼安穩？怎麼平靜？怎麼與外界建立友善且信任的關係？孩子的成長，將會受到極大的危害，不僅時常經歷不穩定的情緒波動，無法覺得自己是安全的，這樣的不安全感，將使他持續的處於戒慎恐懼、草木皆兵的緊張中。

內心被仇恨佔據的孩子，也會對愛的經驗，一無所知。他的存在，經驗不到和平，經驗不到寬容，更經驗不到原諒。當然，生命將會因為堆疊了層層仇恨，沉重龐大，而動彈不得，以致無法經歷生命的自由及輕省。雖然怨恨的是他人，是外在環境，但仇恨者的生命，也活在仇恨的牢籠裡，暗不見天日，受苦哀嚎，無以超脫。

他盼著，傷害他者，該付出代價；他盼著，剝奪他者，罪有應得。他要那些讓他承受痛苦者，也嘗受著那巨大的痛苦。他生命的存在意義，都與仇恨緊密連結，也勢必要為自己的冤屈、恥辱，得回他認為的公道。

被仇恨傷害的孩子，他會不斷的複製著仇恨。因著他對世界的解讀，因著他過往的經驗，這世界將會不斷被他發現辜負、傷害、不公平、輕視、侵犯。所到之處，都會有大大小小的怨懟、仇視、恨意，非常辛苦。

如果大人對孩子真的有愛，真的保護其幼小心靈，免於受到壓迫及傷害，又怎會忍心，讓孩子自小就承接大人的怨念及仇恨？怎會忍心讓孩子的生命，自小對這個世界充滿敵意、害怕、焦慮、無助，及沮喪？

無奈的是，因為大人心中的仇，早已讓愛蕩然無存，留存的只有滿心的受害感，及希望對方受到報復的恨意。孩子個體生存的需求，成長過程需要的「希望感」，和穩定信任的安全感，早不是滿心只關注自己的仇恨的父母親，所關切在乎的事了。

孩子因仇恨而受傷的心靈，又有誰看見？有誰懂？有誰在乎？

給受傷的小孩

親愛的小孩，我知道，如果你可以選擇，你會想要有一個充滿愛及溫暖的家庭。你不要從小就經驗可怕的仇恨，處在充滿攻擊、羞辱及傷害的環境。這樣的環境，剝奪了你生命最原始的天真及善良，讓你無法好好的、慢慢的在成長中，探索及瞭解這個存在的世界。反而是，不能選擇的，就必須仇視這個世界，與這個世界疏離及對立。

親愛的小孩，其實仇恨，讓你好痛。如果愛，是為我們生命帶來安全及溫暖，那仇恨，無疑是帶來沉重，及撞擊。一次一次的，你被那充滿攻擊力及毀滅性的言語，嚇得發抖，好想把自己躲藏在隱密、安全的地方，但同時，那些話語，不斷的侵入你的腦袋，塞滿了你的生命。你既想逃，又逃不了，還被迫養成了具有攻擊力的「武器」。

親愛的小孩，我知道你的無奈。你沒有辦法靠自己長大，你必須依靠父母親的照顧和供應，即使你內心曾經因為「必須要仇恨」的處境痛苦，你仍不敢拒絕仇恨，因為只有忠誠於仇恨，你才不會遭遇遺棄，也才不會被指責：「你這個叛徒，你背叛我，我養你做什麼？」

曾經，你只是試圖想找到一個「平衡」的說法，試圖想瞭解紛爭的真相，或許不是那麼偏頗。但，這樣的疑問及好奇，立刻被指控為不忠，也立刻遭遇到推開，彷彿你沒有同仇敵愾，是沒有資格存在於此。

於是，你知道了仇恨，不容置疑。知道了仇恨，是你必須刻在心上的訓誡。只有報復，是你存在的理由；只有怨恨，可以表達出受害的痛苦如何巨大。

親愛的小孩，我真的為你難過，也為你哀傷。這些都不是你該承受的，也不是你的責任及問題。在大人們的世界，他們糾結的關係，表達對彼此的憤恨，都不是你這個小孩可以承擔及解決的。你不得不承受他們丟出的情緒風暴，無法分辨當中的原委及立場，就被命令該以仇恨、厭惡的感受，去面對你與另一人之間的關係，所以你無法親身的去認識你所接觸的人，無法透過你的認識及感知，產生屬於自己的感受及體會。你，無法是你自己，無法被容允可以有自己的認為，自己的感覺，自己的決定。

所以，你不被當成一個真正存在的生命，只是一種被訓練來進行報復的工具。而確實，有段時日，你將報復視為你的任務。努力的奮鬥，要為受害的一方討回應有的尊嚴及公道，這是你呈現你存在價值的方式。你可以報復，可以雪恥，可以讓處境翻盤，贏得勝利……這些都是你努力要達成的。只要能達成這些，只要能終結那些冤屈，或許你就可以證明，你是可以被愛、被接受的。你是那個該被好好疼愛的好孩子。

但是，孩子，實現了嗎？成功了嗎？在努力雪恥，及贏得尊嚴的勝利之後，你真的有感知到自己充實的價值感嗎？真的有因此肯定自己是一個值得存在，有資格被愛的人嗎？

還是，下一波的恥辱，下一波的仇恨又升起？下一次的比較，下一次的爭鬥又開始？

內心沒有和平的人，他所經驗的外在世界，是無法真正能和平、和諧。

你可能會問，那為什麼你內心無法經驗到和平？

那是因為，你的傷痛並沒有真正的被觸摸，被撫慰、被療傷，也沒有重生。過去那些仇恨、敵對，在你的生命中形成的衝撞及毀滅，仍然存在你的內在。你的內在，像是遭烽火摧殘過的廢墟，死寂荒涼，沒有顏色，沒有光亮，沒有生命氣息，沒有人聚集。換言之，沒有活著的生物，存在於裡頭的，只有死氣沉沉，被人遺忘的殘骸。

你雖然為這樣的傷痛，而向外宣戰，也試圖讓他人付出代價，但你所付出的所有精力，只是讓你加深疲憊、痛苦、恐懼，及憤恨，並未真的為你自己建立一個足以讓你安心、安全，休養那傷痕累累生命的地方。特別是你的內在，還是深刻的活在戰火過後的死寂中，遲遲沒有重新建造一個富有希望、活力，能安身立命的好的心靈空間。

你無法還給自己一份自由，重新的選擇你想要經驗的世界。父母灌輸的世界，有他們過去的恩怨情仇，有他們難以理清的是是非非，也有他們所受過，卻從來沒有療癒的傷。但無論如何，那是「他們」的世界，是「他們」的經驗，是

「他們」的認為及感受。這些都不該被理所當然的灌輸給你，強迫的要求也該成為你的。

你是這個家庭的孩子，但你不是傀儡，也不該被視為工具或武器，任由他人無視於你身為一個生命的權利，而給予你殘害式的指揮及命令。你的忠誠，也不該被利用，威脅及控制你要聽話，阻止你成為有獨立思想、感受的完整個體。

親愛的小孩，讓我們好好的理解你，過去承受仇恨的痛苦。好好的擁抱你，那被仇恨抨擊到支離破碎的心靈。讓我們深刻的懂自己的渴望；我們渴望感受愛，渴望活在一個有愛的世界，而不是盡是攻擊、怨恨、羞辱，及爭執。即使，過去很長的日子，我們生存在一個充滿仇恨的環境，但這不表示，你的人生，就只能存在仇恨。

如果，你真正的看見，仇恨雖然給你生存的目標，卻也讓你付出許多代價，讓你經驗不了與人之間的關係，有愛及信任的可能。也無法真實感受自己存在，真正的渴望與需求。

你，只是想要平靜、安穩、單純快樂，及有歸屬感的生活著。這是多麼平凡，又不容易的願望。讓我們帶著你的心往那個方向吧！終止一切的仇恨，再來侵襲你、綁架你、控制你。我們可以不再帶著仇恨，要別人為我們失去的哀痛負責。而是做一個真正為自己的生命幸福負起責任的人。不需再等著他人認錯、愧疚，才認為自己有過得好的權利，才能平復我們受創及痛苦的情感。我們可以承接住自己，深深懂自己的痛、自己的傷，給予自己撫慰，也成為慈悲對待自己生命之痛的人。我們帶著自己的傷心，繼續往自己要前往的幸福邁進，而不需要賠上自己的生命，在仇恨的深淵中，孤寂一生。

與仇恨告別吧！因為我們要空出生命的空間，讓愛走進來。讓我們的生命，有機會因愛的滋養及撫慰，軟化那因為仇恨堆砌而成的心靈高牆。當你真實的與仇恨告別，也真實的靠近愛，你便會發現，仇恨，到最後，還是只會是仇恨。但寬容、慈悲，及放下，會讓你重新看見一個想要的自己，一個仁厚、沉穩、內斂，完整而成熟的自己。如此，才真的能終結過去的傷痛，不再受過去傷痛殘害。請給自己這個機會——好好的陪著自己，走向你真實想要存在的世界。

七、代理伴侶的傷痛

與安的媽媽有時會對與安發脾氣，口氣嚴厲的對與安說：「你要聽話，生活只能靠我們兩個相依為命，你不要讓我失望，不要讓我難過，知道嗎？」

與安的爸爸一直在外地工作。當初媽媽想懷孕，生孩子，就是因為爸媽兩人聚少離多，媽媽想要有一個孩子來陪伴。從媽媽懷他時的產檢，再到生他時，媽媽都是自己一個人面對，一個人經歷。媽媽因此常告訴與安，她如何獨自承受辛苦，才生下他，他未來長大，一定要照顧她，不能讓她生氣、難過。

而後，在興安的成長過程，爸爸仍維持在外地的工作，平均三個月回家一次，一次待個一週又離開。爸爸每次回家後，其實很難融入興安和媽媽的生活。每一天，興安的生活照顧，及規律的作息，都是媽媽陪著完成，爸爸絲毫沒有想要瞭解，當然也沒幫忙，所以，爸爸雖然回家了，但大多時候，爸爸維持的是自己的作息，像是晨跑，及傍晚去球場打球。雖然晚餐會一起吃，但爸爸也是沉默的，很少和媽媽及興安互動。

隨著興安日漸長大，他可以越來越聽懂爸媽互動的爭執，也可以感受到媽媽對於這段婚姻的傷心和失望。爸媽總是反覆爭吵，媽媽會說：「這個家是我一個人的嗎？你就不能多花點心陪我們嗎？」爸爸會回答：「我沒有用心？難道我在外地一個人辛苦工作，來回奔波都不算什麼？你的說法會不會太過分？」

每當他們吵到不可開交後，媽媽會一個人在房間哭。有時，會對興安發脾氣，口氣嚴厲的對興安說：「你要聽話，生活只能靠我們兩個相依為命，你不要讓我失望，不要讓我難過，知道嗎？」

興安喜歡爸爸回家的時候，那時候他知道，自己和別人的小朋友一樣，是有爸爸的，但他害怕看見爸爸和媽媽吵架，他們吵架的樣子，好像會發生很可怕的事，好像他們都覺得照顧他是麻煩的事。他知道他最需要的是媽媽，他愛媽媽，不希望看見媽媽傷心、難過，還有生氣的樣子。這些時候的媽媽，讓他覺得好難靠近，他會有種被推開、拒絕、排斥的感覺。他害怕經驗這種感覺。

所以，興安總是聽話著。他，希望可以用自己的存在，讓媽媽「忘記」爸爸曾經讓她難過和傷心。

長大一點的興安，如果爸媽又爭吵，媽媽生氣、難過，興安就會鼓起勇氣，走到媽媽身邊，拍拍媽媽的肩膀，或抱抱媽媽說：「你，還有我。我會照顧你，別擔心。」

於是，興安和媽媽成了同一陣線。興安也要自己記得保護媽媽，讓媽媽開心。

青春期時，興安長高，體型也較壯碩後，更是有幾次，跳出來維護媽媽，和爸爸爭執。換他告訴爸爸：「你根本不在乎我們，也不知道我們在過什麼樣的生活，你只顧自己，只在乎自己的工作，在乎自己在外的成就。你根本沒有資格說自己是一位好丈夫、好爸爸。」

自此之後，父子之間的關係更是降到冰點。

在興安十八歲那年，爸爸和媽媽決定結束婚姻關係。爸爸更是在兩年後，娶了一位小媽媽十歲的女性，據說是爸爸的同事。媽媽知情後，情緒難免落寞，也會感嘆的對興安說：「我為你爸爸付出二十幾年的青春，守候這個家，忍受孤單寂寞，忍受一個人辛苦把你帶大，我得到什麼？除了擁有你之外，我什麼都不曾擁有。」

興安聽了，更是告訴自己：「媽媽除了我以外，就什麼都沒有了，我一定要成為她的依靠，不要讓她失望、傷心。」

所以，興安讀大學，乃至研究所學業，都選擇離家近的學校，不曾離家住校。除了忙課業之外，其餘的時間大都留在家裡。每天也都一定抽出時間陪媽媽說話，聽聽媽媽說一天的心情，聽她吐吐苦水，埋怨一下生活、同事相處的大小事。

而這之間，偶爾有些女同學向與安告白，想和與安交往；或是與安也曾有一兩次，主動的喜歡某個女孩，想要和對方有更進一步的聯絡，但進一步交往前，與安都會擔心媽媽喜不喜歡，這個女孩可以像他一樣在乎媽媽嗎？這個女孩會不會讓媽媽不開心，惹媽媽不高興？

所以，無論是被動，或主動的和女孩接觸，與安一定第一時間先讓媽媽知道有這個女孩，然後，與安就會帶女孩跟媽媽有一面之緣，讓媽媽看看，但媽媽看完那些女孩後，沒有一位喜歡的，不是說不夠有氣質，就是說不尊重長輩，不會問候，不然就是說，看起來不靈巧、長得不討人喜歡之類的。

所以，與安始終沒有和任何一位女孩真正的深入交往。當然到了三十歲，還是單身一人。

即使，興安也想要有一位屬於自己的伴侶，也會上一些網路交友的網站，和異性訴說情感，感受和一些女生互動的輕鬆、有趣，但是，一想到若是真正交往，媽媽那充滿不喜歡的口氣，害怕有一個女人要把他搶走的失落感和焦慮反應，興安就想：還是算了吧！而且，他始終記得自己的承諾：要永遠成為媽媽的依靠，不要讓媽媽傷心及難過……

※　※　※

身為「代理伴侶」的孩子，故事雖有不同，卻都有著相似的情境，要為父親或母親的那位失功能的伴侶，代理他的責任和義務。

所以有些孩子，從小坐上「失功能爸爸」的位置，負責照顧及保護；有些孩子，自小擔起「失功能媽媽」的角色和責任，負責支持及撫育。那些失功能的爸爸或媽媽，在孩子幼年的時候即缺席。也許是長年在外地工作，也許是生重病，也許是精神狀態不穩，或是坐牢、躲債、失蹤等等。

許多孩子都曾告訴我，家裡有一個長年精神躁鬱或錯亂，反覆住院治療，甚至反覆自殺的爸爸，或媽媽。從很小開始就意識到不能期待這個爸爸或媽媽，能給他溫暖關愛，能在成長過程陪伴他，參與他生命中大大小小的事件，所以，他們更是要求自己要獨立，要靠自己承擔著成長過程的各種遭遇，和面對各種問題。

孩子擔任安慰、開導、支持等角色

對這些孩子來說，還留在他們身邊的父母一方，也不是他們可以依靠，及感受父母之愛的來源。不論是已然單親的父母，或是假性單親的父母，他們身上都背有滿腹在婚姻關係中的失落、傷心及不平。

那些情緒，讓父母的撫育照顧態度不穩定，忽好忽壞，忽有忽無，甚至，有些在婚姻關係中受傷，及反覆挫折的父母，有著強烈的痛苦情緒（怨懟、沮喪、憤恨）會不受控制的宣洩，或是不斷出現造成生活困擾的行為，孩子就需要背負起安慰、開導、支持、傾聽、解決的角色。

沒有「童年」的孩子

有些孩子，不知「童年」滋味。在他的心理，他沒有當過「兒童」。他一有意識，就擔任著「代理伴侶」，「照顧」、「陪伴」著那孤單及傷心的爸爸或媽媽。

他擔心的，都是爸爸或媽媽心情如何，他們的生活是否都是平順、安穩，如果爸爸或媽媽有生活的狀況，及情緒的起伏，他們必須放掉自己正在進行的事，關注在爸爸或媽媽身上，承接著爸爸或媽媽拋出的各種問題及情緒。

但其實，孩子怎能真的承受得住「大人世界」的壓力？又怎麼承擔得了大人的情感需求？真的成為他們的陪伴者、照顧者？

當孩子不斷承接那些來自父母親的情緒（怨氣、煩憂、沮喪、痛苦），或是承擔起父母親原本該由「伴侶」提供的支持、理解、連結、親密……等需求時，孩子必定離開他本來的位置，提早懂事，過於早熟。

即使，身心都尚未真正的經歷成長的歷練，還未累積足夠的能力及承受力，他都必須去擔任安撫、安慰的位置，照顧著那一位傷心、無助的父親或母親。

他不能任由這位傷心、無助的父親或母親受苦，藉著關注父母親，努力的為父母親解苦，他也離開了自己身心失衡的痛苦感，意識不到自己也只是一個小孩，還需要大人的照顧、引導，及關愛。

孩子表現出忠誠

身為「代理伴侶」的孩子，也不容許自己有自己的生活安排，無法自由的選擇自己喜歡及想要的決定。

他們的生命，緊緊的與需要被照顧的父母親相依為伴。他不能像那背叛離去，或失能缺席的伴侶（父母親生活中真實需要的伴侶）一樣，狠心離開，讓人失望傷心。

忠誠，是他們應該有的表現，而擁有自己，將被視為一種「背叛」的自私行為，會因此感受到難以承受的罪惡感，而自責、自我訓誡及鞭打。

為了不要承受難以忍受的罪惡感，那麼就不要知覺到自己的感受，及自己的需要。一個孩子成長過程，所需要的陪伴、關愛、支持、肯定、引導、照顧，就算稀少，甚至空乏，他們也無意識，更不知道自己只是個「孩子」，一樣需要被愛、被陪伴、被撫育、被容許經驗自身的發展需求。

無法擺脫的自責、罪惡感

所以，擔任「代理伴侶」的孩子，都有誇大自己能力的自我要求，只要沒有做到大人的期待及要求，就會有自責、罪惡感的出現，而無法真實的知覺自己身為一個孩子，人生的歷程本來就還沒具備某些能力，自然有所限制。

他們也會不自覺的認同，那些大人要求及期待的標準。他們不知道大人是以一個「成人」的標準，在對待他們及要求他們。

他們鮮少被寬容，或被理解：「你只是一個孩子，你盡力了。」被過度要求及期待的孩子，他們不容許自己有限制、沒有能力，他們討厭無能為力的感覺，因為這往往會讓他們聯想起那失能、失敗、不好的另一個父親或母親。

過度的承擔大人的需求，及背負照顧大人責任的孩子，雖然易被肯定為懂事、貼心，或是能感受到一種被需要的感覺，但同時，他們的人我關係界線也變得混淆，易於將別人的事，當成自己的事，也會因為他人的情緒起伏，而深受影響；不論是否是自己引起，仍是不安於是否自己有責任，而努力的表達關心、表達抱歉，及試圖讓對方沒事。對方的情緒沒事了，才能緩解他不安的罪惡感及自責。

當他們誇大自身的能力時，往往也漠視了自己的存在需求。覺得自己沒有權利及資格，過自己想過的，得到他們想要的。一切的關注點，應該都要鎖定在那很受苦、受傷，及無助的父親或母親身上。

孩子內心隱隱作痛的不平

即使，曾經在內心深處，也泛起深深的悲傷及委屈。看著別家的孩子可以輕鬆、無所事事，天經地義的當個什麼都不會的小孩，就有人保護，有人照顧，有人關愛，自己卻要努力的成為獨立、有能力、善於照顧別人的人，才能肯定自己的存在價值，才能肯定自己不是失敗無能者，是值得被信任、依靠的人。因此，孩子的內心，仍深藏不為人知的辛酸，始終無法撫平內心隱隱作痛的不平，及失落感。

而「代理伴侶」的角色及責任，是遙遙無期的，是與生命的長度共存同的。如果，自己的生命還在，那就是自己一輩子的責任。

「代理伴侶」的孩子，連一刻都不曾想過，他能夠有屬於自己真正的人生。他那內化已久的身為父母親「伴侶」的責任，已是深深烙印在生命的符號，提醒著他，他沒有「擁有自己」的權利，他的存在是為了救贖那受苦的父親或母親。如果沒有這個任務和目的，那將意味著他也可以不必存在了。

「代理伴侶」的孩子，內在的痛，就是他們的愛太深，責任感很重，不願看見他所愛的人受苦。

這些特性都將使他對自身生命的滿足，不敢追求，而對自我存在價值的肯定，更必須來自於外在（特別是他所關注，需要救贖的那位父親或母親）的回饋。

若失去了這份回饋，失去了這個連結，或是這個對象不存在了，都將使他們經驗到強烈的空洞，及茫然。他們不知道該為誰存在，如果沒有這個人要他犧牲，要他照顧，或要他承擔了，那他該存在於哪裡，又該為何存在。

過去的沉重責任及壓力，當被拿掉時，便是他們生命，必須面對自己空洞、空虛、無意義，及孤單的開始。

給受傷的小孩

親愛的小孩，我知道你內心有著深深的失落，你無法理直氣壯就讓自己當小孩，你沒有身為小孩的權利，天經地義的接受大人的關愛及撫育；需要擁抱時，可以大聲的要抱抱；需要被陪伴、玩遊戲時，可以開心快樂的享受遊戲的歡樂；需要一份關注時，就能得到回應及關愛；需要被引導時，就有聆聽及對話。

親愛的小孩，我知道你從很小很小的時候，就看見你所在乎，所愛的大人，他是那麼受苦，是那麼不快樂，於是，你想要解救他，讓他知道，他有你，生命就能因此而美好，而快樂，而不再受苦。

因為你好重視他、愛他，所以你盡力的表現，努力的付出，對他好，討他喜歡和開心，也聆聽及承接他的煩憂，試著為他排憂解勞。你想，只要有一刻，你看見他輕鬆的笑容，或是，只要他不再傷心哭泣，不再充滿怨懟不平，那麼，你對他的愛及關心，就充滿了意義，也充滿了價值。

好幾次，你靠近他，安慰他，陪伴他，聆聽他，你沒有感覺到你只是個小孩，你也沒看見他，是個大人，是你的父親或母親。在你眼裡，他更像是個愛人，總是牽引著你的心，讓你也隨著他的心情而起伏，或悲傷或歡喜，不管什麼，你喜歡著他的喜歡，討厭著他的討厭，重視著他的重視，拒絕著他的拒絕，接受著他的接受。

你把你的生命奉獻，只為能讓他的愁苦消逝。你甚至好希望他能知道，在這世界上，只要他有你，就好了，就沒事了。不幸將都過去，幸福，將在你們生命中發生。他，不需要再流淚，不需要再緊皺眉頭，不需要再嘆氣，不需要，都不再需要了……

你過去看過他流過無數的眼淚，你總是默默在他身旁，為他深深感到揪心。你不懂，為什麼會有人讓你所愛的他，這麼傷心，這麼難過。究竟要怎麼做，你所愛的他，才不會再這樣的可憐，這麼不幸。

所以你努力的學習各種能力，認真打拚，乖順聽話，只要能讓他開心一點、輕鬆一點、愉快一點、無憂一點，你就會有種滿足感，欣慰自己的存在，能讓他幸福，能讓他擺脫不幸，不再憂傷，不再流淚。

親愛的孩子，我知道你是如此愛著他，用著全部的生命。甚至，將自己生命的存在意義，全部依歸在讓他幸福，讓他覺得此生值得，讓他知道，他是如此的被愛著。

但是，親愛的孩子，我也深知你的失落及哀傷，還有那不為人知的悲辛。在成長的歲月中，你有身為一個孩子的害怕及無助，需要大人保護及幫忙時；你有身為一個孩子的渴望及需求，需要大人給予及滿足時；你也有身為一個孩子的好奇及天真，需要大人鼓勵及引導時。這些身為一個孩子的權利及天職，在你身上，沒有得到太多關注及容許。你唯一能得到關注的方式，就是去滿足及照顧你所愛的他（那不幸的父親或母親），當你能讓他稍微遠離他的受苦，也滿足他的需求時，才有那麼一點機會，讓他看見你，肯定你的存在，是美好，是他的幸運及幸福。

因此，你壓抑了許多身為一個孩子的需要，要自己成為一個不會再增加麻煩、困擾的孩子。你告訴了自己許多的「不應該」，耳提命面的要自己「不應該不懂體貼」、「不應該不聽話」、「不應該生氣」、「不應該讓所愛的大人傷心」、「不應該不孝順」、「不應該不關心」、「不應該拒絕」、「不應該想到自己」、「不應該不會看臉色」、「不應該不知道別人的辛苦」……還有，許多許多的不應該。這些「不應該」，都是你讓自己不要逃離，不要背叛，不要遺棄家的方法。也是你確保，自己值得被關注，值得存在於這個家，歸屬於這個家的依據。

親愛的小孩，我相信，那是多麼讓你辛苦的過程。你的心裡，把自己壓成小小的。當你小小的，這個小小的你，就不會有太多自己的需求及聲音，但你外在的表現及能力，卻要快快長大，大到和大人一樣，可以承擔，可以解決，可以幫忙，可以照顧。甚至，要比大人做得更好，更有能力。這樣，你才可以照顧及安慰那個無助，及受苦的大人。

親愛的小孩，我真心的為你感到難過。你從來沒有權利，好好的只當自己，只需當個小孩。你無法經驗，安心而自由的當個小孩就好。從很小開始，你的生命就背負沉重的責任、壓力，而最沉重的是，你的家庭散發出來的不幸，及你所愛的大人，他眼中那無法消散的憂傷。這些都讓你心好痛，心慌著。那些不幸和悲苦，會不會帶走你所愛的至親？會不會讓你因此失去了他？

所以，你要自己小心保護，要自己好好的關注這個你所愛的人。不能讓他再辛苦，也不能讓他再承擔更多。但是，有些時候，你仍然會為著他的憂愁或埋怨，陷入挫折的深淵。那時候，你看不見他眼中對你的關注及在乎，也無法肯定，在他心中，你的存在，可以勝過那些不幸及痛苦。

親愛的小孩，我知道你是那麼的想解救他。你內心的不捨，及心疼，讓你為著他的受苦而受苦。而這受苦的感覺，真的好沉重與難受，所以你必須要他不再受苦，如此你才不需要一起承受這樣沉重的情緒負荷。

親愛的小孩，因著你是如此的把自己消溶，不讓自己實在、完整的存在，所以你感受不到自己，看不到自己，也從來不認為自己是重要的。所以，你也不知道自己承受那些沉重的照顧角色及責任，有多麼的辛苦，又有多麼的心酸。

你承受的失落及缺乏，超過你自己所知道的多更多，你卻從來沒有關注過自己，為自己叫屈，為自己抱不平。你把一切對你所愛的人的付出及照顧，視為理所當然，卻也把自己該當犧牲，該被漠視，視為理所當然。這是你過去說服自己承擔，接受自己生命處境的方式，因為你要陪著你所愛的人，活下來。

但是，孩子，如果你願意，我們來觸摸你的心。你的心其實一直以來，深藏許多恐懼及無助，在那些你也不知道該怎麼辦的日子。你驚嚇、害怕、無助，強迫著自己堅強，硬逼著自己面對，但其實，好多好多情況你也不懂，你也不知道可以問誰。你的慌張、焦急、恐懼，沒有人真的看見，沒有人可以懂你，心裡那些積壓已久的龐大痛苦感受。

孩子，你知道嗎？你好害怕承認自己其實只是個孩子，沒有那麼強大，你怕自己沒有能力了，就不能照顧你所愛的人了，所以你拒絕看你自己的痛苦，你越拒絕看見自己的痛苦，也越無法讓人靠近，來理解你的痛苦。唯有我們自己願意靠近我們內心的痛苦，我們才能夠讓痛苦說話，讓經驗被人理解。

如果，我們只是壓抑、累積、深藏，壓到、藏到連我們都觸摸不到，連結不到的地方，那麼，那些痛苦不代表就不存在了，它仍然對我們深具影響，讓我們莫名其妙流淚，莫名其妙覺得生命好苦，覺得自己好空，我們卻無法讓痛苦呈現自己的面貌，來讓人懂、理解、體會到我們的內心感受及經歷。

沒有人懂，沒有人理解，沒有人接納，沒有人容許，沒有人關愛……這不就是一直以來，你生命遭遇的處境嗎？不就是你內在最感到孤單及寂寞的原因嗎？

所以，請帶著溫柔，帶著愛，來靠近你內心的孤單、寂寞和痛苦吧！記得嗎？你曾是這樣溫柔的愛著那一個，你在乎也深愛的至親，請以那樣的溫柔及愛，回來靠近自己的心。你的生命，也需要這樣的安慰、支持、保護，及照顧。

過去，你是給出這樣的自己，如今，你願意這樣的給自己。

你不需要再依憑自己有能力付出「照顧」，才能感覺自己被需要、被愛。你的存在，本來就是這宇宙天地容許的。你單單的存在，就是一份愛的確定，愛的能量。你從小在愛的貧乏中，守護著你的愛。這一份守護，是如此堅定。如果你不具有愛，又如何持續呢？

所以，肯定自己吧！你是有愛的孩子，是有愛的生命，而這一份愛，要從你的內在充實的被你知覺，而不是再以為是空洞、貧乏。若你能夠為你所愛的人付出，那麼請也為自己付出吧！你值得以一生經驗愛，活在愛中。值得將自己視為珍貴的生命，好好照顧，好好疼愛。

讓你生命的愛的力量，繼續在這世界延續吧！

八、爸媽在哪裡的傷痛

從很小開始，外祖父對她的行為，都有既定的標準。如果她做不到，或做不好，外公就會不寬待的對她說：「雖然你是沒有爸媽照顧的孩子，但我也不會讓你變成一個野孩子，讓外面的人笑。」

愛妮的父母親，在愛妮兩歲時，即因無法相處，而選擇離異。愛妮的父親沒有爭取孩子的撫養照顧，他還沒有準備好做一個父親。

愛妮的母親，雖然憤怒、埋怨的接下撫養愛妮的責任，但其實，她不想因為要照顧愛妮，而賠上自己的人生，犧牲自己人生的追尋，所以，愛妮的母親，將愛妮轉交給她的父母，也就是愛妮的外祖父母，要他們代為照顧，而她自己，則選擇到外地工作，重新找尋自己的人生。

所以，從兩歲開始，到愛妮十八歲高中畢業，愛妮都是外祖父母親自照顧，帶大。

而從愛妮有記憶以來，她只接受到外祖父母的照顧，還有舅舅和小阿姨的關心。至於父母親，只要提到他們，愛妮就無感，直覺他們是：陌生人。

在成長的過程，愛妮不想父母嗎？或許在生命最初的頭幾年，愛妮還追問過：「爸爸呢？媽媽呢？」但照顧她的大人們，總要她乖，要她聽話，不要吵鬧。還說：「爸爸媽媽就是工作、忙，不要老是哭著要找他們。」「如果你夠乖，夠懂事，爸爸媽媽才會回來接你，也才會喜歡你。」

所以，愛妮後來不再哭喊，不再追問。久而久之，父母親似乎不存在於她的世界，她不再提起他們，也不再問起他們。

但是，不知道是否是因為，她是被父母親不要的孩子，所以外祖父母對她分外嚴格。

從很小開始，外祖父對她的行為，都有既定的標準，坐要怎麼坐、站該怎麼站、拿碗該怎麼拿、拿筷子該怎麼夾、衣服該整齊、看見長輩要怎麼打招呼……

如果她做不到，或做不好，外公就會不寬待的對她說：「雖然你是沒有爸媽照顧的孩子，但我也不會讓你變成一個野孩子，讓外面的人笑。」

有時候，愛妮覺得煩，討厭一直被要求，而有了反抗。外公會懲罰她，打她小手，或要她半蹲罰站。每當這樣的時候，愛妮就會覺得，自己真的是沒有爸爸沒有媽媽的小孩，如果有爸媽，她應該會被疼、被寵愛，而不是有做不完的事，和一堆要達到的標準。

倒是愛妮的外婆，較慈藹的對待愛妮。當愛妮一個人躲著哭時，都是外婆來看看她，告訴她：「沒事的，下次再用心一點，再小心一點，你會做到的。」所以愛妮心裡很依賴外婆，也覺得外婆是這世界上最愛自己的人。唯一給她溫暖及愛的人，就是外婆。

但是，外公和外婆在愛妮十六歲及十八歲時，相繼因為猝死而離開人世，留下孤單無依的愛妮。

雖然舅舅和阿姨都跟愛妮說過，他們的家也是愛妮的家，愛妮一樣可以到他們家一起住，但輪流住過後，愛妮知道，她不再有家了。真正屬於她的家，是和外公外婆一起住的家。就算到舅舅家、阿姨家，那種感覺也不是真的如家人一般的親近、安心，也不是真的是自己家一樣，無論做什麼，無論走到哪裡，都有一份熟悉感和歸屬感。

這個時候，愛妮不禁有種悲傷和心酸：「我的家在哪裡？我的爸媽在哪裡？」但她想，爸爸和媽媽應該都有屬於他們的生活或家庭了。她的存在，其實還是多餘的。

「外公，外婆，我好想您們，好想跟您們一起走啊！」愛妮淚流滿面，不停的在心裡吶喊。

她知道在這世界上，她的存在，已經和任何人沒有關係了，沒有人會像外公外婆一樣，在乎她過得好不好，在乎她是不是有什麼缺乏，或在乎她生涯想要做些什麼。

曾經，她的人生，沒有爸爸，也沒有媽媽，但她安慰自己：「我有疼愛我、照顧我的外公外婆。沒有爸爸媽媽，也不算什麼。」但如今，她沒有了外公外婆，她要以什麼來安慰自己、說服自己，她仍是一個擁有愛的孩子。

她要以什麼來告訴自己，她活著是為了誰。

愛妮覺得沒有人會懂她心裡的這些心情。她已經不介意自己，是個從小就沒有爸爸、媽媽疼愛的孩子，但她想要外公、外婆回到她身邊，這是她還可以相信這世界，有人是愛她的證明。但是，為什麼？為什麼？老天爺要把她的外公、外婆帶走？難道，她真的不該存在？她真的是一個不配擁有愛的孩子？

※　※　※

從小就失去父母親那份天經地義的親子關係，不能在關係裡，經驗到愛及被愛，也不能經驗被在乎及呵護，這在孩子的生命深處，即烙下了最初的傷痕，成為孩子生命最難癒合的傷痛。

被遺棄的恐懼，不只是人類，就連貓狗動物，一樣恐懼這種感覺。一旦孩子遭遇了被遺棄，他對自己生命存在的肯定感，就遭遇了最強烈的質疑和破壞。

而伴隨著被遺棄的恐懼感，還有害怕無法生存的焦慮感。沒有那最穩定，也最安全的依戀關係作保護及照顧，個體的生存，就必須仰賴父母親以外的其他人，這也是被遺棄的孩子，必須經歷的辛苦。

沒有穩定屬於他的家，他必須不斷的適應環境的改變，也不斷的觀察環境的要求，服從環境的規則。無時無刻不提心吊膽，無時無刻不害怕觸怒哪一個人，會惹來一陣打罵懲罰，或是羞辱唾棄，甚至再遭遇一次遺棄。就像是驚弓之鳥，隨時感覺有支弓箭，威脅著他的生命安危。

當孩子不確定自己是安全時，他會一直處於焦慮不安的情緒中，而焦慮不安，會讓身心（特別是情緒方面）承受極大壓力而引發痛苦感。持續被痛苦感侵害的孩子，易造成精神心智功能的損傷（心理創傷）。創傷嚴重者，將難以彌補這樣的損害。

對「關係」又愛又怕

即使，失去父母親的孩子，有其他的照顧者、教養者在旁，但少了母親「懷胎、分娩」的過程，其他照顧者給出的撫育及照顧，便少了一份身心同步的親密感（媽媽和寶寶同在一個身體中九個月的期間）。

少了身心同步感的經驗，「疏離」感很難被消除。即使孩子刻意的要認同其他教養他的人，並且刻意的要歸屬於他們，但內心深處，無法抹滅的恐懼仍是，有一天，你們會不會把我排除？有一天，我會不會無家可歸？有一天，我仍然會不屬於這段關係！

特別是那些反覆在不同寄養家庭生活的孩子，或是在教養院長大的孩子，不只缺乏了原生父母親給的親密感，他們也經驗不到長期而穩定的依戀關係。

在反覆經歷建立關係，分離關係，又建立關係，又分離關係的循環下，孩子難以經驗到歸屬，也經驗不到穩定的關愛。

那沒有根的感覺，以及必須面對分離的失落，將使孩子必須忍受痛苦的情緒，還有對「關係」的又愛又怕（需要一份愛，同時害怕又再次失望）。

自我的破碎及不穩定

一個人早年失去父母親，對一個生命的存在，所造成的傷害，是根深柢固的。這不意謂他會活不下來，但卻會失去在成長發展過程中，需要的許多經驗。這當中，包括從與父母親互動相處的經驗，知覺自己是誰。透過對父親與母親的認同，慢慢形塑出自己的模樣（特質、個性、價值觀），並認同自己。

若早年，在建立自我的基礎上，是順利而穩定的，接下來人生的歷程，就能在穩定的基礎上，有更多的探索及開發，進一步有機會發揮自己獨特的天賦及潛質。

若沒有這樣的早年經驗，孩子就會在成長的歷程，反覆的追尋可以認同者，並期待被認同，卻反覆的因為沒有獲得認同，而不安、而焦慮。

或是無法透過穩定自我，為自己選擇及決定所要認同的對象，使之在不同人我關係中，不知該以什麼自我形象出現，又如何呈現自己的存在感。

這種自我的破碎及不穩定，很容易讓經歷此傷痛的人，感覺到在人我關係中的疏離及疲憊。

他們心裡要處理許多的困擾，像是：和人互動感到無所適從；不知道自己是否可以存在；對於自己該怎麼表現感到不確定；知覺他人對我多是不友善和敵意；我不是一個完整的人，因為我沒有完整的家庭，我感到好自卑。

孩子缺乏自我存在感

對於現代人來說，為了賺取更多的金錢，許多孩子的父母親，被迫必須到外地工作，或是為了追求個人的生命價值及自我實現，而離開家，離開孩子。這些都不是刻意要離開孩子，但聚少離多的親子關係，仍是會讓個體生命，因此經驗到人我的疏離，及自我的空洞。

孩子在成長的歷程，必然經驗許多精神方面的受苦。為了尋找自我存在感，可能用錯了方法追求；像是以傷害他人，成為社會事件主角，以此來證明自己存在。或是，譁眾取寵、標新立異……等等方式，來獲得他人眼光注目，以獲得自我存在感。

一個自我存在感穩定的生命，不需膨脹自己，也不需卑微化自己。不卑不亢，因為他知道自己的存在，是真實的存在。存在與否並非建立在有多少關注，有多少認同，有多少外界肯定。「我，之所以為我，正因為我是我」，即使我只是在一個世界的小角落，專心認真的，做著自己手上的事情，而無人知曉或認同，但是只要這是出於我真心想要實現的生命，我都有自己的存在感。

有真實存在感的自我，才能沉穩平靜的與自己相處、同在。然而，這也是「失去父母」的孩子，最渴望經驗，卻遲遲無法經驗的內在狀態。

生命，不可缺乏的就是被陪伴，被肯定，被愛，這會讓我們經驗到一個「好」的自己，而相信自己的生命是有價值的，建立對自己的信心，也對自己的未來感到樂觀、有希望。

若是自小我們就在家庭中感受到自己是「不好」、「壞的」，甚至是「不存在的」，那麼，我們的內在便會經歷到，有一個不喜歡的自己、厭惡的自己，在我裡面。要嘛就是消滅他，要嘛就是與他疏離，好似他不存在。所以，缺愛及缺乏穩定照顧的孩子，內心幾乎都有消滅自己的念頭及意圖，在要生要死之間，拔河拉扯，糾纏衝突。

而療癒的機會是，如果能有些片刻，他內心的痛苦及空洞，被懂、被理解了，那麼「被連結了」的感受，將使他內心不再空洞。

有了連結的感覺，使我們經驗到被接納、被支持、被包容，這將使生命那支離破碎的自我，有了撫慰，有了修復，而靠近了「愛」更近一點。

給受傷的小孩

親愛的小孩，我知道你心裡那難以擺脫的虛無感，還有無法說出的沉重、哀傷。雖然你身邊總有人照顧你，供應你，但那些人不是你的爸媽，你知道那不是天經地義，不是理所當然，所以你總要記住他們的恩情。他們也總是提醒著你，要感謝、要感恩，因為你本來是一個誰也不想要的孩子。

那似乎是與你的生命共存的羞恥感。從你出生，就留下了印記，成為你的一部分；你的生命是羞恥，你是誰也不要的小孩，你沒有什麼依憑，可以向世人說明，你配得活在這世上，因為你是被愛的孩子。

無數的日子，你哭喊著，你也要自己的爸爸、自己的媽媽，你要回自己的家。但無論如何哭喊，如何期待，他們都沒有出現，沒有給你想要的擁抱、想要的溫暖及依靠。

於是，你要自己死心，自己絕望，不要再渴望他們會回來，也不再吵著要自己的家。你讓自己堅強，用自己的方法生存，忍受著環境裡的打擊和挑戰。即使，沒有人關懷你內心的不平和委屈，也沒有人知道你有多討厭自己的生命，你還是努力順應環境的要求，要自己聽話長大。

親愛的小孩，我知道這一路成長的過程，真的有好多辛苦，好多委屈，好多不平。那些生活裡三不五時出現的嘲諷、傷害、譏笑、奚落……從來沒有少過。但你沒有人保護。沒有人讓外面的人知道，你是有歸屬的，你是有父母的，不是任人可以欺負的。你就像路邊的一株無名小草，被人踐踏，遭人拔除，也沒有人挺身而出，喝令那些傷害停止。

你的身上，因此穿上堅硬的盔甲，武裝著自己，那是你保護自己的方法，不讓人輕易靠近。你那堅硬的保護殼有多厚，就可以知道你所遭遇到的傷害及攻擊有多強。你拒絕人靠近你，拒絕再相信任何人，也不讓任何人真實的走進你的生命。

你獨自在只有一個人的世界裡，忍受著無盡的孤單，落寞，外面的世界有越多的歡樂，越多的喧譁人聲，你越知道，自己那無以為家的悲傷是多麼濃、多麼重。

「有媽的孩子，是個寶」這句話，總在提醒著你，你不是任何人的寶，你只是一個不重要的人。這世界有你、沒你，其實沒有任何差別。

親愛的孩子，我知道那滿腹的辛酸，讓你受了好多苦。你貧乏的心靈，沒有愛的能源，長年無光照耀，只有黑暗。所以，你熟悉黑暗，勝過於熟悉光。你在無邊無際的黑暗中，一個人啜泣，一個人痛哭，一個人嘆氣，一個人哀傷。黑暗，成為了你的同伴，總是讓你更相信自己的孤獨和絕望。

但是，孩子，黑暗是要告訴你，你的世界，需要光。黑暗，總帶來寒冷，讓人退縮、封閉。人，也總是忍受著黑暗的降臨。可是，記得嗎？是因為黑暗，人類才有了點亮黑暗的發明。讓即使處在黑暗的時刻，我們仍然可以點燈來照亮環境，溫暖自己。

所以，親愛的孩子，或許，在生命的最初，我們就失去了和父母親的連結，也經歷著沒有根、沒有歸屬處的悲辛，但這不表示，我們沒有權利與愛連結，沒有權利擁抱愛。與愛連結，感受愛，是所有生命的權利。只是對我們來說，那不是白白得到（這確實讓人委屈，也不平），但因此，我們有了更多更多的機會，連結父母之愛以外的愛。愛，從來沒有從這世界消失，愛的溫暖及撫慰，愛的包容與接納，一直都存在於這世界。只是，我們因為過早失去父母親的愛，而認定了這世界不存在愛。愛，在我們的經驗中，變得模糊、變得遙不可及，也變得只是曇花一現。我們尚未深刻感知，愛便離我們而去，以至於，愛對我們而言，飄忽不定，不可期待。

但親愛的孩子，即使你失去了父母，這也無損你是一個值得與愛連結的生命。任何的生命，都不能被剝奪與愛隔絕。但人對我們的傷害，及我們受傷的心靈，會讓我們不再信任愛，並且歸咎於：都是愛，讓我受傷、受苦，讓我如此疼痛。

我想告訴你，不是愛讓你受傷、受痛，讓你苦，而是不懂愛、不理解愛的人，讓你受傷，讓你苦。這世界上，有太多人誤解愛，更以殘酷的控制及虐待，來指稱為愛，所以好多孩子，包括你我，都曾在這些錯誤的對待中，受苦受傷。

但愛，要我們瞭解，只有通過愛，可以讓我們療傷，讓我們止痛。只有我們不再只和傷害連結，只和冤屈、羞辱、殘暴連結，我們才能走往愛的方向，歸屬於愛。

你的父母，或許把你遺留在空無、冷酷及黑暗的世界，但你的成長，新長出的力量，將可以帶你移動，帶你出走那個充滿傷害的世界，尋找到那個在你心中渴望的安歇之地；有著尊重、接納、慈愛、理解、肯定、容許、欣賞，還有寧靜、和平。在這個地方，你真實的與愛同在。愛是你，你是愛。

孤獨並不是來自身邊無人。感到孤獨的真正原因，是因為
一個人無法與他人交流對其最為重要的感受。

Loneliness does not come from having no people around you,
but from being unable to communicate the things that seem important to you.

——榮格（Carl Jung）

第二章

療傷與修復

「生活總是讓我們遍體鱗傷，但到後來，那些受傷的地方一定會變成我們最強壯的地方。」

——海明威（Ernest Miller Hemingway）

我們從至親的對待中，經歷的拒絕、隔離、排斥、羞辱，讓我們在內心暗處，也用著這些方式，繼續鞭打、繼續羞辱，繼續嫌棄，也繼續酸諷自己。

當我們誕生在這個世界，我們需要愛的保證，保證我們會得到供應及保護，並且，會感受到安全、親密，及被愛（接納）。

因為有愛的連結，及愛的歸屬，因而感覺到自己的存在有意義、有價值。但是，如果那愛的連結是斷裂的，那愛的歸屬是空洞的，個體生命的存在，只剩反覆經歷著苦痛及匱乏，我們又何必存在呢？這樣的存在有什麼意義？

這種因為經歷到受苦、受創，而形成對生命絕對的失望與否定，是可以理解的。

過去的經歷，反覆的讓我們體認到——我們對於自己的命運，乃至遭遇，是多麼的無能為力。我們只能任憑傷害發生，那些在我們身上留下傷痛的人，特別是我們的父母親，對我們的傷痛，仍然不以為意，渾然不覺，甚至在我們傷痛處，恥笑我們的軟弱和沒用。

那內心承受的痛及怨，怎麼可能平復？怎麼可能化解？

仇恨，是因為渴望愛

但是，若是你再深入一點問自己，那份仇恨、哀怨、痛苦的更裡面，那裡是什麼，你會知道嗎？

那更深層的裡面，存在的是一份渴望；渴望愛，真實的存在於你生命中。渴望你的生命，值得愛。

那落空的感覺，匱乏的難堪，一直在深處發炎、發痛。

那裡就是你的痛處、你的傷處。不停的抗議著、哭喊著：「為什麼沒人愛我？」「為什麼沒人愛我？」「為什麼沒人愛我？」……

我們也學會「羞辱」自己

那些從至親的對待中，經歷的拒絕、隔離、排斥、羞辱；那些在家庭的環境中，經歷的衝突、對立、攻擊、凌虐，讓我們在他們的行為中，反映回來一個可惡又可憐的自己，可以任意被壓迫，任意被傷害，任意的對待。上一秒還狂怒的把我們罵成畜生，下一秒又指使著我們去滿足他的喜好。我們好像被這個家需要，卻又在不被滿意時，被拒絕與斥責的，好像不該存在。

這些遭遇及千萬次的經驗，讓我們「學會」了那些惡意的對待，或充滿忽略及傷害的對待方式，來對待自己。我們在內心暗處，用著這些學會的方式，繼續鞭打、繼續羞辱、繼續嫌棄，也繼續酸諷自己。

「你以為你是誰啊？你以為自己很重要嗎？」

「笑死人了，你這個蠢才，這個沒用的傢伙，只會惹人討厭，和造成麻煩。」

「你做什麼事都會出錯，做什麼事都做不好，總是讓人看笑話，讓家庭丟臉。」

那些惡言惡語，曾幾何時，已經不需要透過外在的存在，就能自動的在你腦中播放？

那些輕視和嘲諷，曾幾何時，已經不再出現，卻仍是形影不離的跟隨著你的生命，不論你身在何處，長到多大，還是這麼如雷貫耳的在你耳邊，陣陣響起。

我們需要安慰「過去的傷痛」

理智上知道，那已經是「過去的傷痛」，但情感上，卻從來沒有得到安慰。曾經的傷痛經歷，只是匆匆忙忙的被要求越過，而更多的時候，是被予以否認、壓抑、噤聲。

其實，撫慰傷痛，為傷痛清創，進而療癒，不是要去翻轉過去的遭遇。因為過去的遭遇，無法抹滅，也無法改變。

療癒的歷程及任務，是為了修復那支離破碎的自己。修復那因為被否定、拒絕、攻擊、排斥的自己，猶如遭砲火重擊過的血肉模糊、肢體斷殘，難以完整的生命。

而越是偏向持續的嫌棄自己，羞辱自己，並且認定這世界不斷給予的只有傷害，及全然的惡待時，我們與世界的斷裂將越演越烈，終將使我們內心的心靈，成為孤寂與荒蕪的世界；內心空無一人存在，只有槁木死灰的景色，猶如焚燒過的地獄景象，使我們所經歷過的傷痛，加乘數倍，壓垮我們僅存不多的生命力氣，使我們絕望。

一、開啟療癒的覺醒——修復破碎的自我

「如果你愛我，則你連一次都不會讓我失落、失望。」這種對愛的完美要求是種防衛機轉，確保他不再相信愛、期待愛，就不會因為渴望而失望、而失落。

唯有愛，是行走在黑暗中的光亮，即使是在微小事件上，微小體會到愛的發生及存在。這愛的感受力，都能為生命帶來微小力量，成為黑暗深淵中，扶持生命重量往上的繩索。

愛的感受力，來自童年的「依戀關係」

但是，愛的感受力，並不是容易發生的，或是可以被刻意操作出的。

這感受力的溯源，是源自於我們生命童年所知覺到的「依戀關係」（與早年給我們照顧撫育的重要他人），是否讓我們感受到愛的存在，有了深層情感連結的經驗。

若無此對愛體認的經驗值，在愛的感受上，失去了理解的基礎，可能會不斷錯過或誤解他人，所傳遞的愛的訊息與行為。

於是，他人給出的包容、善意、關懷、支持、支援……都無法真正的被感知到，也無法成為愛的力量，讓內心的傷痛，有被愛溫柔撫慰及撫觸的機會，得以因為滋養、療傷、修復而有了再生。

所以，這是經歷早年創傷的人，最辛苦之處，也是療癒之路艱困漫長的原因。

越小時發生的傷痛，傷害越大

早年傷痛，因為發生在我們非常幼小的時候，我們幾乎很難完整的記住究竟發生過什麼。當然也很清楚難覺知「我受傷了」，而只能不斷承受那些遭遇，那些情況。

傷痛，在我們越小的時候發生，所造成的破壞及損傷，越難估計。

之所以越小的時候發生傷痛，所造成的破壞及損傷越大，是因為，那是個體「最無法保護自己」的時候。無論體型、能力、歷練，都無法承受，也無法因應。

在無法保護自己的時候，所承受的危害，幾乎是沒有任何緩衝的壓在我們身心。所造成的斷裂及迫害直接而銳利。

如果那傷害是維持一段很長時間，反覆在痛苦及焦慮中生存的生命，則會形成負面世界觀、混亂人我觀、悲觀人生觀、充滿恐懼及強迫的信念，幾乎是不可撼動的牢固。

當「防衛機轉」使用不當

另一種牢不可破的，就是「防衛機轉」。防衛機轉，是讓我們可以存活下來的保護。

透過心理策略，以避開正常生活過程中所會面臨的焦慮和衝突，進而可以減緩壓力所造成的情緒衝突。提供一個緩衝時間，讓個體得以處理生活的創傷，有助於面對無法解決的損失或傷害。

如果不是為了逃避現實，自我防衛機轉並非全是負面不好的，反而具有調適的功能。

自我防衛機轉，積極的作用是為保持或提高個人的自尊、價值感、能力感，而消極作用是為逃避或減低焦慮及挫敗感。

而自我防衛機轉主要是為了改變個人對環境事件的看法，無法改變危險的客觀環境，所以多少都含有自欺欺人的成分。若使用過度，甚至不當，反而為自己招來更多煩惱，不但無法真正的處理問題，也導致不健康的人我關係。

行為經驗，成為我們的人格特質

個人成長過程，我們會發展不同的防衛機轉來應付，生活中所碰到的威脅、挫折、衝突，這些行為經驗，也會漸漸的成為個體的人格特質。

例如：當我們幼年，生長在一個充滿攻擊及傷害的環境，時常經驗到侵犯、貶抑及漠視，我們為了緩衝我們承受到的情緒衝突，也適應這樣的壓力，所以我們運用防衛機轉告訴自己：「都是我不好、不乖，被懲罰、被打罵是應該的。」（內射作用）

在這樣的設定下，我們迴避認為父母親是不好的客體，也否認了父母親對我們造成了身心的痛苦。

如果情況反覆，自我防衛機轉不停強化這樣的作用，慢慢的，這成為我們人格裡的一部分：易於自責、罪惡感，而非是真實的接觸事件，真實的透過覺察及瞭解，發現原因、脈絡，進而釐清、調整、處理。

過去，內射作用是保護我們繼續的存在於那個環境，緩和受到的情緒衝突。但是，若是失去了接觸真實的勇氣，再因為壓抑、否認作用，而只是不斷的以自責、罪惡感因應環境的衝突及壓力，那麼，我們便會難以跳脫的，反覆重演內心的自我攻擊及傷害，而不是真實的學習更進一步的處理策略。

過度使用防衛機轉者，容易形成神經質的焦慮，太多心理能量花在扭曲及偽裝真實，而非直接去經驗真實世界。

如此也必消耗了不少能量，無法去經營有意義的生活目標，及創造更具平衡、健康的人我關係。

懷疑愛、無法愛

對於過早歷經傷痛的個體而言，那些因創傷所形成的受損自我，信念不僅具有黑暗色彩，對人我關係的認知，偏向不確定及懷疑（包含於：我與自己的關係、我與他人的關係、我與世界的關係），再加上穩固的自我防衛機轉，都將使個體無法通暢的經驗及知覺到愛。

認同虐待及傷害，連結不平、委屈、憤恨的情緒，非常容易；而連結愛，詮釋那是愛的表達及行為，則非常艱難。

即使有人釋放關愛的訊息，也表達出友善及理解，但稍有落差或被個體不滿意，則對於愛的知覺全盤否定，回到懷疑及斷裂的原點。

全有，不然就全無，是早年受創個體，最普遍的一種知覺，也是生命受傷過後的反應。來自於對愛的渴望太強烈，又太懼怕的矛盾。

只有愛得極致且完全，他才認為那是愛。因此，也常嘗試試探，考驗那愛的完全性。「如果你愛我，則你連一次都不會讓我失落、失望。」這種對愛的完美要求，也是防衛機轉，確保他不再相信愛、期待愛，就不會因為渴望而再失望、而再失落。

無法接受失落、挫折

全有，不然全無的判斷，也讓受損的個體，難以接納失落的發生，涵納那生活中沒有辦法完美之處。失落的挫折，容易激發個體的反彈、失衡，甚至崩潰。因此，全面的拒絕，對愛的相信。全然壓抑對愛的渴求，這也是會出現的一種自我保護作用。

真正能進入到曾經在早年生命，經歷過傷痛的個體內心，並不容易。即使是具有「矯正性」的新經驗，也不是輕易的就能被允許通關。必然會經過反覆懷疑、質疑、試探、挑戰、考驗……個體才能願意鬆動自己的防護牆，開啟自己的防護鎖，允許新的經驗進入生命系統，成為他的新架構、新信念。

覺醒，是療癒最重要的條件

所以，療癒，不是魔術，也不是靈通，更不是不費任何功夫、不付出代價，就會自然而然發生的。

然而，療癒的開啟，最需要的條件，則是個體的覺醒——自覺自己要走療癒的道路，願意給自己生命的重生機會，而不再膠著在過去的模式中，或是無意識的在這樣的生命局勢中，反覆受苦。

終結受苦，還給自己一個不再受苦的人生，還給自己尊嚴、自由、自主、完整的生命。不再受困於過去的遭遇，而不敢編寫自己想要的人生。

即使過往有傷痛，但我們能在學習療傷之後，修復內在支離破碎的自我，把自己縫合回來。

而療癒的終點處，是我們忠實而可以被信靠的，成為真實可以保護自己、照顧自己、愛自己的人。

我們真實的感知到自己，真實完整存在。過去被拒絕、被傷害、被漠視的破碎自我，都擁抱回自己的裡面，真實接納自己，不再惶惑，不再無助，並且可以開始知覺到好的經驗、想要的經驗、愛及幸福的經驗，在生命中，發生，存在。

二、解苦——從承認傷痛開始接觸

我們從他人的經驗及故事，連結及看見自己的。如果相似於我的故事，都可以被公開，可以獲得肯定及認同，那我的為什麼不可以？如果這個人可以有勇氣說出他的經驗及故事，那我是否也願意承認我的經驗及故事？

我們當然都明白，過去無法回去了，再怎麼怨恨、不甘、憤怒、委屈、受傷，我們都無法再回去那些時光，將那些遭遇改變。我們所承受的事實，無法再被扭轉，也無法再以自欺欺人的方式來掩蓋那些事實。

你需要容許自己知情，記得，那些過往所發生過的傷痛。

把傷痛「說出來」

那些傷痛在發生的當下，都在我們身上留下了記憶。記憶沒有語言，記憶是：畫面和經驗。

因為傷痛，不會自己說話，但對個體造成的衝擊，則會在身心留下記號、留下記憶。

例如：早年受肢體虐待及侵害的個體，他的身體，在他人靠近時，會不自覺的閃避及蜷縮，而心理，則引發說不出為什麼的恐懼及強烈不舒服。

如果他沒有連結到過去早年的經驗對他所造成的傷痛，不允許那些傷痛經驗被轉為「語言」，被說出來，則他會持續的沒有意識到他身心引發出的反應，或是持續的在困惑中自問：「為什麼我會這樣啊？我好奇怪。」

即使認知說：我不記得了，其實身心都記得，也將那樣的影響，反覆呈現出來。只是有沒有被探索及理解。

當然，個體有越多的阻抗（因為恐懼接觸而引發自我防衛機轉），越難回到過去的經驗，說出那些傷痛。傷痛，會被合理化的說法層層包圍，而無法順利揭露。越是脆弱無助的經驗，我們越會告訴自己，那樣的揭露是危險的；一來那是最赤裸的時候，若是再被傷害，很可怕。

二來，我逃避了那麼久，不要真正看見那難堪、破碎、有瑕疵的自己。若是揭露了，我不是會看見？

還有，若是真的揭開來了，究竟會為我現在的生活起什麼波瀾，會不會造成我本來可以維持下來的生活，再也無法維持了？會不會這樣的揭開，帶給我海嘯般的席捲，把我徹底毀滅？

這些對於未知的恐懼，對於無法掌控變化的焦慮感，都會讓我們在傷痛處的千里之外，繞啊繞，轉啊轉，甚至滯留不動，以避免真實碰觸到傷痛。

療癒，由勇氣開始

所以，要能願意真實接觸傷痛，往往需要個體或許已自覺，或許還未自覺卻已凝聚的——勇氣。

這種勇氣是：我寧可真實過人生，即使要付出難以預料的代價，我都要一個真實的自我。不再因為過去的傷痛遭遇而扭曲，而偽裝出一個我覺得分裂的自己，甚至衝突對立的自己。

我見證過許多療癒自我的生命，他們療癒之路的開啟，正是由此份勇氣開始。

如果，生命都要有所付出代價的話，那麼，扭曲、偽裝真實自我，而必須付出的麻痺、上癮、隱忍、移置的代價，和因為要修復真實自我，而需要經歷動盪、混亂、不再安全、未知恐懼的代價，你要付出哪種代價？

不論是何種因應和選擇，都有要付出的代價。只是，個體是否充分知覺到，也有勇氣承認這些代價的發生，是自己心甘情願選擇的。

療傷時，會經歷不愉快、不舒服

在這裡，我必須特別聲明的，療傷的歷程，確實波動，暗潮洶湧，在早期歷程到中期歷程，也總是不愉快、不舒服。甚至，那以為塵封的痛苦感，會強烈的不容再忽視，所以，若非是個體心甘情願的想要療傷，想要啟動療癒的歷程，那麼旁人再怎麼的勸說、怎麼的認為對方該接受治療，或論斷對方有問題、有病，都無法真正的讓對方走入療癒歷程。

若非自願，又哪來心甘情願呢？也只有自願，即使路途波動辛苦，暗潮洶湧，我們仍有動力，持續的堅持下去。持續的開啟，那為了迴避真實傷痛經驗，而層層封鎖的心門。

閱讀能獲得療傷的勇氣

那麼，勇氣該如何俱足呢？如何凝聚呢？

勇氣，即是力量。唯有你開始感受到力量存在時，你才有勇氣突破，及改變。

那要如何獲得力量？

力量，是由許多層面總和出的內在能量，是一種對自我信心及能力感的提升。因此，能讓個體知覺到自我信心及能力感提升的經歷，都值得做，值得累積。

我首推——閱讀。因為知識就是力量。許多人對於情況的無能感，及無力感，其實是缺乏知識（不知道那是什麼，不知道那能如何處理），而獲得知識的來源，即是閱讀。

但閱讀不是亂槍打鳥的隨機選取，而是需要瞭解自己的需要，並且廣泛的收集，再進行選擇。選擇後，進行有系統的閱讀。也就是對於一個主題，由淺到深的涉獵、吸收、探討。

許多書籍的論點是相互牴觸及拉扯的，當我們遇到這種情況，我們要覺察自己的反應，同時形成我們接續的反思，持續的探討，而非如過去被教育的經驗，填鴨式的要自己照單全收，或是看作教條，硬是複製成自己的認為。

聽講或上課，增廣見聞

再來是，聽講或上課。聽講或上課程的原因，是增廣見聞。特別是，自我生命歷練的分享，或自我探索與覺察的課程，每聆聽一次，就能做一次引發。

在聆聽他人的經驗及故事中，我們有了機會瞭解，別人的過程經歷了什麼，他們如何面對，如何處理。

再來是，我們從他人的經驗及故事，連結及看見自己的。如果相似於我的故事，都可以被公開，可以獲得肯定及認同，那我的為什麼不可以？如果這個人可以有勇氣說出他的經驗及故事，那我是否也願意承認我的經驗及故事？

這樣的連結，及普同感（有人和我一樣經歷及遭遇），能累積我們的自我接納，及容許。當然，無形中，也增加了承接真實自我的力量。

尋求支持性的新人際關係

第三是，擴展「增長自我修復力量」的新人際連結。往往，過往的環境，缺乏支持度及理解性。於是，我們很自然的認為，這個世界就是這樣，沒有支持，沒有理解，沒有接納，沒有包容，所以凡事都是自己獨撐，自己悶著、壓著。我們內心不相信能與人連結，也不相信我們會被懂、被回應。

這些根深柢固的不相信，使我們即使內在沒有力氣、力量，也不要去懷抱希望，向外界尋求支援、支持。

所以，我們以微弱的內在力氣，撐住我們原本要應付的生活，自然沒有再多的力氣，進行生命翻動、鬆解、拆毀及重建。

除非我們看到有許多的生命版本，都經歷過拆建歷程。拆建之後，不僅不是毀滅崩壞，而是重建出一個值得期許的人生；有修復力量，能真實合一的整合自我，也重建健康合宜的人我關係，我們才能夠相信，而願意如此嘗試。

而這些過來人，除了讓我們相信，有人走過了那些未知的經歷之外，也是我們要進入未知歷程的顧問，支持及為我們說明，或是提供訊息，讓我們心安。有了具有支持性的新人際關係，我們會知道，自己不再只是一個人在面對及應付變化。

我們越能建立充足的支持性人際關係，所累積的力量，就會越穩定，也越豐足。

承認傷痛，揭開傷痛

而當勇氣俱足了，凝聚為銳不可擋的一股改變力量時，請不要壓抑，而是學會鼓勵自己，勇於踏出下一步。

經由自我生命回溯、書寫、敘說，承認過往，重整生命。無論是否有一位心理諮商專業人士協助及陪伴，或是自己走進內在探索歷程，重要的是，揭露傷痛，不是為了再嘲笑、再懲罰、再貶抑、再羞辱，也不是為了反覆踐踏，增加自憐、自責及憎恨的強度。

若是揭開傷痛，只是為了不停重演傷痛畫面，將自己置放在無助的受害位置上，那麼，將不可能真正走入療癒的歷程。

承認傷痛，揭開傷痛，都是為了療傷。療心靈的傷，就像療養身體一樣，怎麼能再進行不好的照顧方式？怎麼能忽視傷處的潰爛，反覆戳痛呢？

揭開傷痛，是為了消炎、清創，也是為了縫合、包紮。若只是為了暴露傷口，討取受害的認同，甚至停留在自憐的位置上，索取愛及照顧的保證，那終究是與自我修復及療癒，背道而馳。

早年生命的傷痛，若要走向修復及療癒，就是對經歷這些痛苦及傷害的自己；那個充滿悲傷的自己，動了慈心，有了疼惜。這也是讓自己傷痕累累的生命，與愛連結的開始。

唯有慈善真正發生在自己內在，傷痛才能因為撫慰，真正緩解了痛楚，平息了受苦的不平冤屈。

三、擁抱早年傷痛——對自己「慈」悲

在療傷的過程裡，有時候，以為再也不會跌落的情境，卻一再地，反覆的讓自己跌落。

那種洩氣及沮喪，可想而知。你可能因此又再度的，不客氣的對自己咆哮：「到底要到什麼時候，才能不要再這樣反覆、反覆的受傷？」

有時候，痛苦的發生，讓你的生命得以蛻變，得以療癒，得以真正認回自己，活出完整。

即使是童年，那些我們不該承受，也無辜遭殃的傷害，都可能在我們真實的療癒支離破碎的自我後，讓我們蛻變出一個完全不同的自己，更富有信心、更具有愛、更懂得慈悲，也更加沉穩內斂。

最重要的是，我們真實的認識生命，也接觸這個世界。讓自己的存在，有力量的展現在這個世界，並為這世界帶來有意義的改變。

只是，你必須接受這一份痛苦的發生，也真正的願意回看自己的生命。過去迴避的、錯誤的、推卸的、依賴的、恐懼的、忍受的、偽裝的，只有願意誠實承認，蛻變及重生，才得以實現。

為什麼會有心理陰影？

什麼是早年傷痛療癒呢？這一個概念談的是，每一個人都是從孩子走向成人的歷程，所以成人是孩童時期的延續，而不是取代。

換句話說，當我們童年發生過的生活經驗，甚至是在家庭裡面被教養的方式，都會影響到我們未來成年之後的人格，或是我們面對外界的反應，還有形成一些我們在處理事情的態度、習慣及模式。

如果我們童年時期，遭遇到一些傷痛，這些傷痛將形成生命的身心創傷，像是在我們幼小的年紀，遭遇到被遺棄、重要親人過世，或是漠視、施壓虐待、家庭暴力等等情況，讓一個孩子的身心承受巨大的衝擊及壓力，這就形成生命的早年重創。

這些傷痛，在人的成長歷程，會慢慢演變成心理陰影，使我們遇到相似情境，或是知覺到情緒衝突的壓力時，便會有一觸即發、情緒爆炸的現象（俗稱：踩到地雷）。

甚至，當我們早年的傷痛沒有受到真正的照顧，沒有獲得療傷的機會，我們會有相當高的可能性，把過往傷痛發生的情節、情境（心理的腳本劇場），轉移到後來的人際關係的其他對象。像是，轉移過去那種仇恨情感，轉移過去那種愛慕情感，或是轉移那種施虐或受虐的互動模式，都是屢見不鮮。

即使在不同的對象上，關係的模式卻有著相同的發展和走向。

療癒童年受傷的自己

例如，我們在幼年的時候，家裡有一個會使用暴力的父親，在面對權威父親的暴力對待下，我們累積的，是對權威者的恐懼，無法發展獨立完整的自我，並且害怕被無預警的傷害。

除此之外，自我的界線上，會無法拿捏如何保護自己，對於別人的侵犯和傷害，內在會感覺到自己，猶如孩子般的弱小而無能。

這些情況在未來（成年後），當我們要成立自己新的家庭時，或是我們開始也身為人父人母時，我們會無意識，甚至視為自然的延續懲罰及暴力的方式，來對待我們的孩子。

或是，我們尋找了和父親一樣，有暴力傾向的丈夫，來作為我們的配偶。這樣的伴侶，讓我們熟悉，卻也讓我們無助及恐懼。我們難以拒絕這樣的傷害，繼續存在及發生，甚至認同了，這樣的傷害本來就該存在，就該發生。

所以，當童年時期遭遇的傷痛，沒有得到妥善的回看、照顧、療傷，它對我們人生的影響是直接而廣泛的。所以，我們提倡為自己療傷，為早年無法說話，不會表達傷痛的自己，好好的撫慰、關愛，及照顧。

療癒過程，充滿矛盾、掙扎與煎熬

但是，療癒不是容易的道路。在療癒的路上，我們可能會反覆經歷進進退退，甚至循環式的走著某些關卡。因為，那些關卡，傷痛太沉重而巨大，以致個體會迴避，或是因為承受過於巨大的情緒壓力，而退縮，而阻抗，而放棄。

療癒的歷程，充滿矛盾，也充滿掙扎、煎熬。同時，不斷的想要回到過往的熟悉生活。即使過往的生活，充滿壓榨、苦痛、犧牲、虐待、漠視、攻擊，只要能夠避免未知的恐懼，及波動，寧可要回頭。

如果隱喻這樣的歷程，就像是聖經所描寫的《出埃及記》。猶太人因為前方的未知，及困難重重（沒糧食、沒水、沒安全的居住地），而抱怨起不如當埃及的奴隸，雖然受壓迫、虐待，但至少有得吃穿，有得住。

我們總是在基本的生存需求（生物需求），及心靈層面的自我實現（精神需求），來回擺盪。如果為了精神層面的自我實現、自我滿足，而必須影響及晃動穩固的生存保障，則我們都會考慮。

為了既定的生存保障，及所需要的安全感，我們將會放棄革新，放棄為自己的生命出征。

當自己複製他人對待我們的貶抑與嘲笑

圈養，是謀殺靈性追求最快的殺手。假性的舒適安全，則讓我們放棄發現、學習、塑造一個不同的自我。

如果，你真的深知，你將堅定的走往療癒自我的路，即使為自我生命的修復，付出可能的代價，你也不足惜。

那麼，以下所說的情境，都是讓你照映出，自己是否是真實慈悲的對待自己；對自己的悲痛，充滿了慈心，願意予以接納、關愛、撫慰、貼近。

有時候，在以為再也不在意的情況下，卻又無預警的瞥見自己的脆弱，在只有自己一個人的時刻，痛哭不止。

那些以為再也不會湧現的傷痛，又在某個寂靜的時刻，割裂著自己的心，讓你痛苦不堪。

有時候，以為再也不會看見的生命不堪，卻又在某個場景、某個畫面出現時，勾動出那個你覺得好可悲、好難堪的自己。

有時候，以為再也不會跌落的情境，卻一再地，反覆的讓自己跌落。那種洩氣及沮喪，可想而知。你可能因此又再度的，不客氣的對自己咆哮：「到底要到什麼時候，才能不要再這樣反覆、反覆的受傷？」或不客氣的酸諷著自己：「還不是這麼的沒用，還不是這麼笨。人家一下子就進步做到的事，你還是老在原地踏步！」然後不客氣的苛責自己，懷疑自己：「為何這麼努力，還這麼的不堪一擊，是不是努力不夠？太笨？太糟？」

如果你覺察了，你會發現，那舊有的模式，充滿貶抑、嘲笑、輕視、否定、指責、攻擊……的方式，還是根深柢固的，自動化的再度出現。但不要因為這樣的覺察，又罵了自己。

覺察，是為了讓我們「發現」、「意識」、「知覺」，而不是為了批判，及懲罰。

停止批判自己

拿著屠刀威脅的人，是離覺悟遙遠的人。只有放下屠刀，覺悟才能發生。心理療癒歷程，最重要的覺悟，就是對愛的覺悟，對慈悲的覺悟。如果拿著大刀大槍對著自己，充滿恐嚇及批判、打壓及威脅，那是無法真正的覺察自己所發生的內在歷程，也無法對自己的經歷，有了真實的慈悲及愛。

所以，親愛的，請停止對自己再多的傷害與冷諷。親愛的，請看見自己的心，為自己的生命承擔了許多。

親愛的，是的，有這麼一刻，我們會發現，無論傷痛與失落如何的被我們處理與面對，但是，傷痛與失落，卻可能一點兒也沒有減輕，沒有減緩，沒有減少。原來，我們仍然這麼想要愛、這麼的傷痛、這麼遺憾、這麼的在意、這麼的失落。

我們不需要因此又指責與批判，我們僅僅需要知道、明白。從內心深處，真實的知道真實經歷這些過往的自己，有著真實的感受，真實的慾望，真實的渴望，真實的需要。僅僅知道，不需評價。

原來，我們不愛自己?!

如果，停止了評價，你就不懂得該如何對待自己，除了評價與判斷，你就無法再有其他的方式安慰自己、接納自己，那麼，這都是為了讓你覺知到——原來，你是多麼的不愛自己，多麼厭煩自己，以至於仍是極力想擺脫自己、消滅自己。

你認同外在主流的眼光及價值觀，認定了自己一無是處，與毫無價值。你甚至不懂，若你夠好，真的好，為什麼就是沒有人肯愛你，沒有人願意好好珍惜你、對待你。

當我們內心無法真實愛自己時，我們會痛苦的希冀著有個美好的人來愛我們，使我們無愛的內心可以因此活起來，美好起來。我們多麼的希望，一個救贖、一個希望、一份愛的肯定及保證。

但這是一種迴避愛自己的做法。因為你無法「如實」的愛自己，於是你將愛你這個人，仍然推向他人，希望由他人擔任，由他人給予，也由他人負責。

即使有這樣的人出現，充滿愛，具有愛，但你對愛的空乏及虛無，也會將他的愛吸取殆盡，只剩耗竭。

我們的內心，如果只是如黑洞般的無止盡吸取，那麼即使再多的愛出現，來到身旁，也不會足夠。因為你的內心沒有真實的愛成為踏實的底，承接住這些愛的進入。愛，進入，只是被吸取，卻無邊無際的不知去向。留存不了，也豐厚不了。

如果，做了好多嘗試，進行了好多努力，還是反覆的沒有覺知，過去的許多模式仍是自動化的呈現，自動化的左右著我們的起心動念，無意識的迴避自己、批判自己、傷害自己，那麼，療癒之路，仍是未真實的進入，仍然無法因為愛的連結及發生，而修復了自己。

四、重新理解生命，重新懂愛

在自我傷痛療癒的路上，我們總要回到無條件對自己有情有愛的意願上，願意學習如何把遭遇傷痛的自己，愛回來，擁抱回來。

你內心有愛了，愛便會向你靠近。因為愛，能使我們先活在愛中，也才能真的辨識出愛，讓愛更來到生命中。

接受此刻你所經驗到的自己，接受你生命所處在的位置與處境，你正在生長出力量、生長出勇氣，蛻變出成熟，有足夠能力懂愛、經驗愛，及分享愛的人。

把自己愛回來

在自我傷痛療癒的路上，我們總要回到無條件對自己有情有愛的意願上，願意學習如何把遭遇傷痛的自己，愛回來，擁抱回來。

如果，我們看待過往，回溯、書寫、敘說，仍是僵化的，不可鬆動的，用過去的眼光及價值判斷，且認同了那些傷害我們的人，對我們的苛責及批評、否定及羞辱，而不是反思過去那些時空下，那些人的無知，那些人的偏執，那些人的失能，那些人的自我中心，那些人本身無法調節的痛苦，而導致對我們生命的傷害，我們就無法真的對那個無辜受傷的孩子，有情有愛。

我們還是用一種疏離，而不瞭解的態度，歸咎著那個幼小的孩子，無能及弱小，才會必須接受如此的傷害及懲罰。所以，仍然不是負起保護那孩子的責任，也沒有意願。只是繼續的排斥和厭煩。

給自己重生的勇氣

這種對傷害我們的人，行為及觀念上的認同，不僅是自我防衛機轉，也是讓我們留在關係裡的做法。這樣就不會因此拒絕他們，離開他們。

如果我自覺了，當年自己的無辜，也更多的經驗到過去所承受的傷痛是如此真實，再也否認不了，再也逃避不了，「自我」必然因為甦醒，而必須離開充滿傷害、壓迫及剝奪的環境。

這是生命的自我覺醒，也是生命想要重生，真實挽救自己生命的勇氣和動力。所以分離和捨下，必然發生。如果害怕分離及捨下，以及害怕經驗被制約的自責，和神經質（無功能性）的罪惡感，則會將自己繼續的留置在那舊有，存在著傷害、壓迫及剝奪的環境中，不敢見到真實「自我」的新生。

如果我們已放棄真實自我的新生，選擇對舊有關係的依賴，也避免經驗不舒服的分化過程，那麼，再怎麼尋求外界的支援，解救，或向外界索求愛的供應，都不及因應那陳年堆積的傷害情境、傷害模式，所造成的破壞性、毀滅性。

五、以愛重生——活在愛中

你過去以為，充滿傷痛虐待的世界，就是整個世界，所以你用那個世界教會你的所有方法，生存、拚搏、競爭、防衛。

而這個新世界，告訴你全新的方式、全新的思維、全新的姿態，以及你可以活在愛中，成為愛的生命。

允許愛在我們當中，而非盡是恐懼及哀怨。

早年生命的傷痛，面對及處理的過程，就像清創工作，總要細心、耐心、緩慢。

粗糙、隨便解析，任意提供看法，都是對早年遭遇傷痛的生命，一種冒犯，及粗暴。

溫柔接納過往的傷痛

不論是我們對待他人的早年傷痛，或對待自己的早年傷痛，都不是三言兩語的想要解決，或是想要歸納。

好奇的發問，有時是出於八卦性的窺探，而不是以真誠情感去理解，去聆聽。所以那發問，只是引發更多說不清的解釋，也讓人經驗一種被消遣的不舒服感。

但是，如果，我們有機會，在他人認真的眼神、專注的聆聽、理解的回應中，得到一種原本是沉重感受的紓解，請你真心的留住這個讓你感動，也鬆動的片刻。

自己的生命，那些說不清的糾結情緒，那些難以啟齒的羞愧難堪，那些以為沒有人懂的無助恐懼，如果，有一些片段，能真的被好好接住，接納，有了溫暖及理解，有了情感的連結，那是多麼讓人鬆了一口氣，不再感到絕對孤單的感覺。

我們是由這些，充滿愛及支持的小連結點，集合及編織成生命的大連結網。當友善及愛的體驗，開始在你的生命真實存在，並且足夠分量，巨大的被你知覺到——這是你經驗到的新世界，那這個新世界，足以和你過往傷痛的世界，抗衡。

放下拚搏、競爭、防衛

或許過往傷痛的世界，仍是在你生命歷史中存在，不可抹滅，但你不會因此就全然否定新的世界的存在。

你過去以為，充滿傷痛虐待的世界，就是整個世界，所以你用那個世界教會你的所有方法，生存、拚搏、競爭、防衛。

而這個新世界，告訴你全新的方式、全新的思維、全新的姿態，你可能不敢置信，也極為不熟悉。以致你不確定，你是否真的可以活在愛中，成為愛的生命。

但既然修復及療癒，就是為了給自己一個新生命的機會，讓自己不是任由傷痛的侵襲，反覆的受傷受苦。

那麼，即使不熟悉，我們也願意給自己時間，摸索、練習、辨識、探究，及深化經驗。

無論如何，就算我們再不熟悉愛，也對愛混淆，但是愛，絕對不是傷害。

如果以愛之名，卻是不停的傷害個體的自尊、價值感，甚至恐嚇威脅你的成長，你的自覺，將帶來災難及毀滅，而不樂意你真實的成為自己，展現你生命的活力及熱情，寧可你消耗，及麻木封閉，那麼，這不是愛。

愛，是認識，是看見你生命的存在。愛，是鼓勵你、樂見你生命的成長及成熟。愛，是尊重你的主體性，不剝奪你的思維及感受，讓你真實的成為一個「人」。愛，是懂你在摸索人生的歷程中，有失誤、有限制、有人性的慾望及衝動，而能接納，並予以寬容，同時，相信生命仍有改變及成長的機會。

照顧我們內心的孩子

我說了這些，都不是要我們再回到那個無助恐懼的孩子的位置上，等待這個知道如何愛我們，給我們完美愛的人出現，拯救我們。而是，我們學習，也練習有這樣的愛，來溫柔陪伴我們心中，那曾經承受傷痛的孩子。

我們允許自己有力量，允許自己懂得照顧自己，把自己照顧好，而不再繼續疏離我們內心的孩子，任由他哭泣、無助、驚嚇、傷心，也不予以回應，不關照、陪伴。

有時候，我們有了謬思，以為只要我們學不會照顧自己，或持續的拒絕自己，我們就會因為這個部分的脆弱與無助，一直喚人出現，喚人來給予我關愛及支持。這樣，就能確保人們，不會離開我的世界，會有人持續的關心我、照顧我、幫忙我，這是我要的感覺。

依賴及汲取，不等於愛

但其實這是種依賴及汲取。依賴及汲取外界的關愛，和真實的與愛連結，是不同的。

依賴及汲取，是認定自己沒有（或是無能）而一定要透過他人存在、供應，我才能有，才能經驗，而真實的與愛連結，則是知覺自己，有愛的能力，不僅能感受愛的流入，也能讓愛流出（關愛及支持他人），在愛的流動上，平衡而不疲憊。

但依賴及汲取，會令人因耗竭而疲累（通常這樣的依賴及汲取是沒有節制、沒有邊界的），而使外界因為無法修復，以致無法再供應、再回應。

依賴及汲取愛的人，會在外界無法供應，停止回應的當下，再次返回過往的早年傷痛，再次的勾動了傷痛記憶：「我沒有人愛。為什麼不愛我？為什麼遺棄我？」

而真實經驗到愛，也真實有愛的人，則會在外界無法交流及互動的情況下，對自己說：「別怕，有我在。我愛你，不論是過去已知的你，或是未來未知的你，我都願意好好愛著。我會無條件的陪著你，告訴我你的需要，告訴我能怎麼照顧你。我願意懂，願意支持，也願意成全。」

唯有去愛，才能治療悲傷

所以，哲學及文學家托爾斯泰這麼說：「唯有能愛的人，才能承受悲傷之痛，也唯有去愛，才能治療悲傷。」因為愛的力量，讓悲傷得到撫慰，讓傷痛得到理解，而得以鬆開釋放，原本遭受封閉而僵硬的心靈。心靈因而自由，心靈因而有了活力，有了新生的氣息。

不論這一條療癒之路，走得快或慢，或是要歷經多久，這都沒有標準答案，也沒有操作手冊，但只要是確認，我們是往愛的方向，那麼就繼續往前走，就算還沒走到，也看不到里程碑出現，繼續走就對了。

方向對了，遲早都會走到的，除非我們停止走下去。

而或許，我們的一生，就是要以這一輩子的時間，在經歷傷痛後，透過深刻懂了痛的歷程，我們才能深刻覺悟愛，並用一生的時間，修復、療傷生命，因愛重生，真實的蛻變為獨一無二的自己。

療癒，能更真實的接觸世界

如果你願意讓自己的生命，懷抱愛，懷抱希望，懷抱慈悲，那麼，無論你現在在哪裡；也許身在起頭處，也許走在此山中，也許已歷經萬重山，走到回望處，你都肯定現在你所處的位置，與所在的地方。

生命的牽引及帶領，在你啟動療癒之路，就開始為你預備這個歷程，你所需要的力量及鼓勵。

當你真實的走入這段生命的再生之旅，你是不會越走越孤獨的，你會越走越認出同伴來，也越來越看見同行在愛的方向的人。所以你的世界，將開闊寬廣，有別於以往。

所以請你記得，療癒，絕不會帶你走往更封閉及孤獨的路。療癒，會讓你與自己的孤獨同在時，安穩而不焦躁，卻不會要你的世界，只剩孤獨。因為懂了自己傷痛的人，會因此也懂了他人的傷痛。懂了他人傷痛，正是以愛與傷痛接觸，也是與生命連結。這些連結經驗，讓他更能真實的接觸世界。世界，因而豐富，因而多元。

你因此知覺到，一個在這世界上，真實完整存在，且自由行動著的自己。而你，好喜歡這樣的自己，從來沒有這樣真心實意過。

國家圖書館預行編目資料

為什麼不愛我：療癒無愛童年的傷痛／蘇絢慧作. ——初版. ——臺北市：寶瓶文化, 2015. 02
面； 公分. ——（vision；122）
ISBN 978-986-406-002-3（平裝）

1. 心理創傷 2. 心理治療

178. 8 104001892

vision 122
為什麼不愛我——療癒無愛童年的傷痛

作者／蘇絢慧

發行人／張寶琴
社長兼總編輯／朱亞君
副總編輯／張純玲
資深編輯／丁慧瑋 編輯／林婕伃
美術主編／林慧雯
校對／張純玲・陳佩伶・吳美滿・蘇絢慧
業營銷部主任／林歆婕 業務專員／林裕翔 企劃專員／李祉萱
財務主任／歐素琪
出版者／寶瓶文化事業股份有限公司
地址／台北市110信義區基隆路一段180號8樓
電話／(02) 27494988 傳真／(02) 27495072
郵政劃撥／19446403 寶瓶文化事業股份有限公司
印刷廠／世和印製企業有限公司
總經銷／大和書報圖書股份有限公司 電話／(02) 89902588
地址／新北市五股工業區五工五路2號 傳真／(02) 22997900
E-mail／aquarius@udngroup.com

法律顧問／理律法律事務所陳長文律師、蔣大中律師
如有破損或裝訂錯誤，請寄回本公司更換
著作完成日期／二〇一五年一月
初版一刷日期／二〇一五年二月二十五日
初版六刷+日期／二〇二〇年七月二十四日
ISBN／978-986-406-002-3
定價／二九〇元

AQUARIUS 寶瓶文化事業

愛書人卡

感謝您熱心的為我們填寫，
對您的意見，我們會認真的加以參考，
希望寶瓶文化推出的每一本書，都能得到您的肯定與永遠的支持。

系列：vision 122　**書名：為什麼不愛我——療癒無愛童年的傷痛**

1. 姓名：＿＿＿＿＿＿＿＿＿　性別：□男　□女
2. 生日：＿＿＿年＿＿＿月＿＿＿日
3. 教育程度：□大學以上　□大學　□專科　□高中、高職　□高中職以下
4. 職業：＿＿＿＿＿＿＿＿
5. 聯絡地址：＿＿＿＿＿＿＿＿＿＿＿＿＿＿＿＿＿＿＿＿＿＿＿＿＿＿

   聯絡電話：＿＿＿＿＿＿＿＿＿　手機：＿＿＿＿＿＿＿＿＿
6. E-mail信箱：＿＿＿＿＿＿＿＿＿＿＿＿＿＿＿＿＿＿

   □同意　□不同意　免費獲得寶瓶文化叢書訊息
7. 購買日期：＿＿＿ 年 ＿＿＿ 月 ＿＿＿日
8. 您得知本書的管道：□報紙／雜誌　□電視／電台　□親友介紹　□逛書店　□網路　□傳單／海報　□廣告　□其他
9. 您在哪裡買到本書：□書店，店名＿＿＿＿＿＿　□劃撥　□現場活動　□贈書　□網路購書，網站名稱：＿＿＿＿＿＿＿　□其他＿＿＿＿＿＿
10. 對本書的建議：（請填代號　1. 滿意　2. 尚可　3. 再改進，請提供意見）

    內容：＿＿＿＿＿＿＿＿＿＿＿＿＿＿

    封面：＿＿＿＿＿＿＿＿＿＿＿＿＿＿

    編排：＿＿＿＿＿＿＿＿＿＿＿＿＿＿

    其他：＿＿＿＿＿＿＿＿＿＿＿＿＿＿

    綜合意見：＿＿＿＿＿＿＿＿＿＿＿＿＿＿＿＿＿＿＿＿＿＿＿＿＿＿＿＿＿＿
11. 希望我們未來出版哪一類的書籍：＿＿＿＿＿＿＿＿＿＿＿＿＿＿＿＿＿＿＿

讓文字與書寫的聲音大鳴大放

寶瓶文化事業股份有限公司

（請沿此虛線剪下）

廣 告 回 函
北區郵政管理局登記
證北台字15345號
免貼郵票

寶瓶文化事業股份有限公司收

110台北市信義區基隆路一段180號8樓
8F,180 KEELUNG RD.,SEC.1,
TAIPEI.(110)TAIWAN R.O.C.

（請沿虛線對折後寄回，或傳真至02-27495072。謝謝）